U0502472

杨亮/著

台海出版社

图书在版编目（CIP）数据

掌故. 003, 趣味一战史 / 杨亮著. -- 北京 : 台海出版社, 2017.7（2024.6重印）
ISBN 978-7-5168-1463-5

Ⅰ. ①掌… Ⅱ. ①杨… Ⅲ. ①中国历史－掌故 Ⅳ. ①K206.6

中国版本图书馆CIP数据核字(2017)第148259号

掌故 003：趣味一战史

著　　者：杨　亮

责任编辑：戴　晨　　　策划制作：指文文化
封面设计：杨静思　　　责任印制：蔡　旭

出版发行：台海出版社
地　　址：北京市东城区景山东街20号　　　邮政编码：100009
电　　话：010－64041652（发行，邮购）
传　　真：010－84045799（总编室）
网　　址：www.taimeng.org.cn/thcbs/default.htm
E－mail：thcbs@126.com

经　　销：全国各地新华书店
印　　刷：重庆亘鑫印务有限公司
本书如有破损、缺页、装订错误，请与本社联系调换

开　　本：787mm×1092mm　　1/16
字　　数：256千字　　　印　　张：19
版　　次：2017年7月第1版　　　印　　次：2024年6月第2次印刷
书　　号：ISBN 978-7-5168-1463-5

定　　价：99.80元

版权所有　翻印必究

目录

001 第一章 · 拉帮结派
011 第二章 · 被暗杀的王子和灰姑娘
027 第三章 · 大战倒计时
045 第四章 · 奔向僵局
091 第五章 · 新兵培训守则
106 第六章 · 残酷的前线
128 第七章 · 令人无奈的远征
145 第八章 · 新式武器登场
170 第九章 · 继续死磕
195 第十章 · 饥饿的后方
205 第十一章 · 俄国退场
220 第十二章 · 精疲力尽
242 第十三章 · 美国上场
253 第十四章 · 胜利的悲剧
283 附录一 · 第一次世界大战各国参战日期及伤亡
285 附录二 · 第一次世界大战年表
295 参考书目

假使战争爆发，则无人能预知它会打多久和如何结束。欧洲各大国的军备已经达到空前的强度，现在正要进入彼此决斗的战场。没有任何国家会在一次甚或两次战役中被完全击败，并被迫投降。任何国家都能再站起来，甚至仅在一年之后，又继续斗争。各位议员先生，那可能是七年战争，也可能是三十年战争。那个放火把欧洲付之一炬的人，那个首先把火柴丢进火药桶的人，真是罪该万死！

——德国元帅毛奇

第一章
拉帮结派

★★★

“让欧洲走向爆炸，花费了 50 年。引爆它，却仅需 5 天。”

——（英）李德·哈特

提到第一次世界大战，你最先想到的是什么呢?

萨拉热窝、阵地战、坦克、绞肉机、刻板的历史老师……好了好了，接下来的内容将带你走进100年前爆发的那场大战，让你领略历史老师不讲、课本里找不到、一般人我不告诉他的真实历史——可以让你无语也能让你喷饭，可以让你莞尔也能让你拍案。

亲爱的读者，在阅读本书之前，你要先回答一个问题：

一战的原因是什么呢?

如果你在上中学的历史课时曾认真听讲的话，你会……什么?你上课光顾着给姑娘传纸条来着?好吧，那我们就讲得简单通俗一点：实际上，这是帝国主义国家两大集团为争夺霸权、重新瓜分世界而进行的狗咬狗的一次战争，根本原因在于帝国主义国家之间政治、经济发展的不平衡。课本上是这么说的吧?你记不起来了?好吧，我知道你没怎么听懂，我再说得通俗点：当时欧洲形成了两大帮派，一个是以英国为首的协约国集团，一个是以德国为老大的同盟国集团，约翰牛（英国的外号，就像山姆大叔、俄国熊、德国鹰、高卢雄鸡和中国龙一样）呢，发育得比较快，而德国鹰发育得比较慢。等到发育迟的德国人长得比英国佬还要壮的时候，才发现所有地盘都被发育早的那帮家伙瓜分抢占完了——号称“日不落”的大英帝国抢占的殖民地超过英伦三岛的100倍，德国的殖民地只有本土面积的2倍多。而要当老大就要多占地盘，多收小弟，这样才能收到够多的保护费。根据达尔文的优胜劣汰学说，在这个弱肉强食的世界里，什么都应该是强者的。如果要搞一次单打独斗一对一的奥林匹克运动会的话，第一名应该是德国人而不是英国人，所以德国人很不服气。虽然德国陆军很牛，可以在欧洲大陆上称王称霸，但海军却不是英国的个儿——而要在世界上称王称霸横冲直撞抢占殖民地海军是不可或缺的。看着姥姥家——英国女王维多利亚（Victoria）是威廉二世他姥姥——庞大且强大的皇家海军，德国

∧ 英国女王维多利亚(1819—1901 年)是英国在位最长的君主,她在位的 63 年期间,英国成了"日不落帝国"。她又被称为"欧洲的老祖母",因为她有子孙辈 30 余人,很多欧洲的君主都是她的后代。

皇帝威廉二世（Wilhelm II）只有羡慕嫉妒恨的份。所以他下令开始大力扩充海军，奋起直追。他要带领德国冲出欧洲，走向海洋！他要做的是世界盟主！而这个位置现在正由英国人占据着。饥渴的威廉二世还声称："德国需要殖民地就像每天需要吃面包一样。"他要用强大的海军去抢占"阳光下的地盘"，这就意味着要重新洗牌、划分地盘，而这肯定会和英法俄三个国家发生冲突，因为就这三个国家占的地盘最大。

说起英法俄这三个帝国主义国家，他们之间也是矛盾重重：英法为争夺埃及闹得不可开交；俄国和英国在中亚划分势力范围，互相对峙；而俄国沙皇对于法国的共和制度十分敌视，法国则把沙俄看作是落后野蛮的封建残余。按理说这三个国家是没有抱团的可能的，但最终这三个不可能结盟的国家却走到了一起，原因何在？一句话：都是德国人逼的！因为威廉二世把这三个国家都得罪了。

时间进入 20 世纪，英国人的海上霸权已经保持了 100 多年了，他奉行的大陆政策是：谁是老二就干谁！以此来确保自己老大的位置不被夺走。所以对欧洲大陆上的国家，英国奉行"枪打出头鸟"的政策——法国强大的时候（拿破仑时期），英国就联合俄国打法国；俄国强大的时候，就联合法国打俄国（克里米亚战争）；现在德国强大起来了，英国自然要联合法国和俄国来打德国。尤其是德国的海军政策——1904 年英国国王爱德华七世应邀访问德国基尔军港的时候，德皇威廉二世向他的这位舅舅炫耀似的展示了自己的海军，并宣称："用德国舰队枪炮的威严来欢迎远道而来的英国陛下！"这让他的舅舅很不爽，以为这个大外甥是在借机朝他耀武扬威。而到了 1914 年的时候，德国的海军规模已经扩充到了世界第二，仅次于英国的皇家海军，这明显就是冲着自己来的。维多利亚女王就曾预言过："我那个德国外孙迟早要折腾出一支比英国海军更庞大的舰队来。"对老大最有威胁的自然就是老二，所以英国决定一定要把它打下去，最好是将它掐死在摇篮里。于是英国政府马上宣布：德国造一艘新军舰，英国就开工造两艘！

而德国和法国则是世仇，铁血宰相俾斯麦（Bismarck）说过：我爸爸跟法国人干过仗，我爷爷跟法国人干过仗，我爷爷的爸爸（曾祖父）跟法国人干过仗，我爷爷的爷爷（高祖父）也跟法国人干过仗。而他自己也和法国人干过仗，那是威廉二世的爷爷威廉一世（Wilhelm Ⅰ）在位的时候，法国在普法战争中被打得惨败——叫“惨败”一点都不冤，皇帝被俘虏，首都被占领，阿尔萨斯（Alsace）和洛林（Lorraine）两个省被割让（记得咱们小学时学的课文《最后一课》吗？就是说的这个事儿），还赔了人家50亿法郎（当年的1个

︿“铁血宰相”俾斯麦（1815—1898年）是建立德意志帝国的功臣，在普法战争胜利后他曾反对割占法国的阿尔萨斯和洛林。后来由于反对威廉二世向海外扩张的政策，最终被德皇“罢相”。

法郎可以买2只鸡，50亿法郎相当于当时中国的7亿两白银）。为了炫耀胜利，普鲁士国王威廉一世还特意在法国的凡尔赛宫里加冕称帝，举办了登基大典，建立了德意志帝国——这简直太伤自尊了！所以法国人一门心思想找德国报此血仇，当时法国著名作家雨果就曾咬牙切齿地说：“总有一天，法国将重新站起来，不可战胜，他不仅将收回阿尔萨斯和洛林，还将回敬德国一个共和国，使德国摆脱皇帝，就像德国人把拿破仑赶下帝位一样！”而占了便宜的德国人则要时刻提防法国报复自己，保卫自己的胜利果实。

沙皇俄国和奥匈帝国这两个欧洲第一和第二大的国家互相敌视则是因为巴尔干半岛，虽然两个国家的地盘都足够大了，但他们还觉得不够，都想要巴尔干这个地方。由于德国支持奥匈帝国——因为大家都是日耳曼兄弟——俄国明显不敌。而且为了和伊斯兰世界套近乎，威廉二世声称自己是土耳其的守护神，并帮助土耳其人重组军队，这把俄国人气得够呛，因为他们一直想肢解瓜分土耳其，尤其是想要土耳其的首都伊斯坦布尔（Istanbul）——旧名叫作君士坦丁堡（Constantinople）。虽然专制的沙皇对共和制度深恶痛绝，但根据敌人的敌人就是自己朋友的原则，俄国还是和法国英国成了“好兄弟”。而意大利由于和法国在争夺突尼斯上结了梁子，又没力量去单挑法国，所以一气之下在德国的拉拢下加入了同盟国集团。

而在巴尔干半岛上，一系列新兴的小国家加剧了局面的混乱。刚刚摆脱土耳其统治的希腊、保加利亚和塞尔维亚组成了巴尔干联盟，向昔日的“主子”开战，土耳其在欧洲的大部分领土都被他们瓜分。但由于在战利品分配问题上没谈拢，巴尔干联盟内部又反目成仇起了内讧。希腊、塞尔维亚和趁火打劫的罗马尼亚打败了保加利亚，获得了大头。于是巴尔干半岛上也分成了两派：为了收回在战争中失去的东西，战败的保加利亚和土耳其向德国大哥靠拢，希望找个靠山再打一次重新洗牌；而作为胜利方的希腊、塞尔维亚和罗马尼亚为了保住胜利果实，先后倒向了与同盟国对抗的协约国集团。总而言之，

20 世纪初的欧洲大陆上充满了敌视和仇恨，大伙纷纷扩军备战以求不落人后，巴尔干半岛就是个国家多、民族多、宗教多、矛盾多的地方。这里是基督教、东正教和伊斯兰教三股势力犬牙交错的地方，也是整个欧洲最可能擦枪走火的地儿。

严格来说，这场被人们称为世界大战的战争其实是欧洲人的战争，因为主战场在欧洲，死的人也大多是欧洲人。更严格一点来说，这其实就是欧洲一个

> 英国国王乔治五世（1865—1936 年），因为其作为海军船员在军队服过役且热衷于快艇比赛，所以又被称为“水手国王”。

へ战前九位欧洲君王大聚会。

大家族的内讧。当时的英国国王是乔治五世(George V),他的祖母就是大名鼎鼎的英国女王维多利亚，维多利亚女王的大外孙是当时的德国皇帝威廉二世，也就是说乔治五世是威廉二世的表弟，而俄国的沙皇尼古拉二世（Nicholas II）又是威廉二世的表妹夫，因为这位沙皇娶的是维多利亚女王的外孙女、德国黑森—达姆施塔得大公国的公主、威廉二世的表妹……您听懂了吗，这些大人物都是八竿子打得着的亲戚，简单地说他们都是维多利亚女王的孙子——因为这群孙子们的野心，这次战争波及了全世界，所以大家都跟着遭了殃。

这样说吧，在大战爆发之前，这些国家都憋着气、较着劲，互相看着不顺眼，整个欧洲就像个巨大的火药桶——就差一点火星来把它点燃了，而这点火星在 1914 年 6 月的

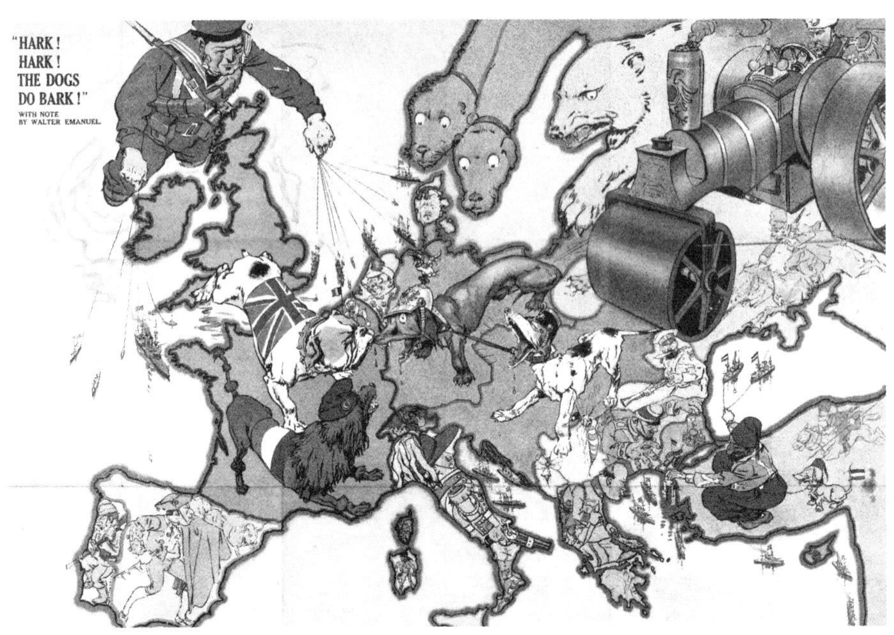

∧ 这是描述一战前欧洲剑拔弩张的形势的漫画，当时有很多这样的漫画。

一个春意盎然的星期天迸发了。

你也看过武侠片、警匪片吧，里面有身份的老大是不会一上来就亲自出马单挑的，一开始通常是小弟先出马，互相找茬，最后才是老大替他们出头。第一次大战也是这样，先出场较量的是同盟国与协约国的两个小弟——奥匈帝国和塞尔维亚。

第二章
被暗杀的王子和灰姑娘

★ ★ ★

"两匹马高价卖出！"

——刺杀成功后黑手党向同伙发出的电报

提到第一次世界大战的爆发，首先就要提到萨拉热窝（Serajevo）事件，奥匈帝国的斐迪南（Franz Ferdinand）大公在这里遭到刺杀——我们经常说这次事件是大战的导火索，引燃了巴尔干的火药桶，最终导致了全面大战的爆发……你的历史老师是这么给你讲的吧？这看起来没什么问题，但是，为什么在萨拉热窝的斐迪南遇刺一个月后，大战才开始呢？如果这次事件是导火索的话，那么这根导火索是不是太长了点？

好吧，为了回答这个问题，我们现在回到那个悲剧开始的早晨，也就是我们故事的开端——那是1914年的6月28日，一个普通的阳光明媚的夏日，弗朗茨·斐迪南这位奥匈帝国皇位的继承人正在帝国南部的波斯尼亚（Bosnia）首府萨拉热窝市视察一次军事演习，按中国的习惯来说，这位身材魁梧的职业军人的身份是皇太子，也就是说将来是要君临天下的。他是哈布斯堡（Hapsburg）王朝现任皇帝弗朗茨·约瑟夫（Francis Joseph）的大侄子——不是儿子，在位的老皇帝之所以选择他继承皇位，是因为他的独生子自杀了。

跟斐迪南大公同行的还有他的妻子苏菲（Sophie）。怎么形容他和妻子之间的关系呢？白马王子和灰姑娘的故事也许可以与之相比。这位未来的皇后出身低微，原来只不过是一个没落贵族家庭的女伯爵，因为太没落了，所以她只能出来打工以维持生计——具体工作是在一位奥地利大公爵夫人家做侍女打杂。斐迪南大公要定期拜访那位公爵夫人（这位夫人是他的堂姐），因为这位大公爵夫人很热切地想把自己的女儿嫁给太子（关系很乱有没有），她经常邀请大公去家里做客，以便给两个年轻人制造更多的见面机会。但过了一段时间她才发现，斐迪南大公频繁来访并不是冲着她女儿来的，而是私下里来见那个三十多岁的女佣人苏菲。有一次，公爵夫人趁大公去打网球的时候溜进更衣室，偷偷地打开了大公随身携带的小金盒（许多当妈的都喜欢这么做），本来她是希望在里面看到自己女儿的照片的，但她看到的却是家中的那个女佣。当不成丈母娘的公爵夫人自然是怒火中烧——这简直是为别人做了嫁衣替他人当了月老！于是苏菲的工作也就泡汤了。但三十岁的斐迪南已经坠入爱河了，他把苏菲称为自己的守护天使，大有非她不娶的意思。而根据哈布斯堡皇室的规矩：庶民（虽然苏菲家曾有爵位，但到苏菲的时候，其基本与庶民无异）——还是个老处女——是不能成为皇后的。为了娶到心爱的姑娘，斐迪南不得不同自己古板的皇帝叔叔做斗争，他甚至以自杀相威胁。在斐迪南坚持不懈的努力下，老皇帝终于妥协了，他勉强同意了这桩婚事——条件是苏菲的后代不能继承奥匈帝国的皇位。1900 年 6 月 28 日（这个日期还真不吉利，14 年后的这天将会是斐迪南和苏菲的祭日），斐迪南郑重地宣布自己与苏菲的后代不会继承皇位……他没想到的是，他也没有机会继承皇位了。

婚礼是3天后举行的，除了斐迪南的妈妈和姐妹外，其他亲戚都拒绝来捧场。而成为大公妻子的苏菲今后不能和丈夫一起参加国宴，不能和丈夫一起坐马车，甚至不能和丈夫在同一包厢里看歌剧，连宫廷舞会她也被安排在最后面……

︿ 斐迪南大公和他的妻子苏菲。斐迪南大公（1863—1914 年）酷爱打猎，他一生中射杀的牡鹿多达 5000 多头，长期打猎造成了他耳膜的永久性损伤，这也是他对 1914 年的暗杀反应迟钝的原因之一。

∧ 斐迪南大公夫妇及其子女。

怎么说呢，虽然不是一帆风顺，但这对夫妻却很恩爱，他们很快有了两男一女三个小孩。身为大公的斐迪南非常溺爱他们的孩子，一向刻板的他甚至会和孩子们一起趴在地板上玩耍。所以在 1914 年 6 月他们来到萨拉热窝后，这对恩爱夫妻显得十分高兴，就像在度蜜月一样。因为这里天高皇帝远，远离维也纳，他们可以不必有所避讳，能够像真正的夫妻一样出双入对。星期天斐迪南还给他们的孩子发了个电报："妈妈爸爸感觉挺好，盼望下星期二回家。"

6 月 28 日是一个灿烂的夏日早晨，下了一个星期的雨终于停了，空气显得格外清新。街上飘扬着各色旗帜，挤满了围观群众，还有人在欢呼，大家都在道路两旁围观来视察的皇储。由于斐迪南不想让人觉得他在炫耀武力，所以他特地下令不允许军队进入萨拉热窝市内，路旁只有稀稀疏疏的警察在维持秩序。上午 10 点多，斐迪南大公夫妇乘坐着一辆敞篷轿车从街上驶过，接载他们的车队一共由 6 辆汽车组成，大公夫妇乘坐的车排在第三，他们正前往市政厅参加欢迎仪式。斐迪南戴着头盔，穿着紧绷绷的陆军元帅制服，佩戴着金质的勋章；苏菲戴着宽大的无边女帽，举着小洋伞，坐在丈夫身旁，显得十分高兴。再过 3 天，他们就要迎来结婚 14 周年的纪念日了。大公夫妇知道，这是他们在萨拉热窝访问的最后一天，但他们不知道的是，这也是他们生命的最后一天。

当然，他们也没有想到，在欢迎的人群中，有一只黑手正悄悄地伸向他们……不，准确地说是 14 只黑手。一支由 7 个塞尔维亚青年组成的刺杀小分队正潜伏在人群中（最大的 23 岁，最小的 17 岁，其中有 3 个还是招募来的志愿者），这支以加里夫·普林西普（Gavrilo Princip）为队长的暗杀小组准备对斐迪南伺机下手。他们共带了 4 把手枪和 6 颗炸弹，这些人都来自"黑手党"（Black Hand），这个叫作"统一或死亡"（Union or Death）的激进组织的宗旨是用恐怖手段来实现建立一个"大塞尔维亚联合王国"的梦想，这个组织的口号是"不联合，毋宁死"。虽然塞尔维亚不大，但它的野心却不小，这个

“大塞尔维亚王国”妄图囊括整个巴尔干半岛上的斯拉夫人——尤其是要夺回奥匈帝国吞并的波斯尼亚和黑塞哥维那（Herzegovina）①，解放那里被压迫的民族兄弟。他们痛恨奥匈帝国，同样痛恨6月28日来萨拉热窝访问的斐迪南，因为500多年前的这一天，塞尔维亚王国在科索沃（Kosovo）被奥斯曼帝国击败，从此塞尔维亚人沦为土耳其的奴隶，一直到1912年才赢得独立，这天可以说是塞尔维亚人的哀悼日、国难日和耻辱日，在他们看来，大公选择这一天来巡游简直就是故意挑衅。

这次来的这7个刺客里有5个是病人，而且都是患的肺结核病——这在当时要算绝症了，也许这也是派他们来的原因之一。而对于他们的到来，奥匈帝国的情报部门丝毫不知情，因为他们根本不知道存在着这样一个组织。

当斐迪南大公的车辆驶过第一个刺客的时候——我们称他为1号，他什么也没做（后来他解释说那是因为有个警察恰好站在他前面）。当斐迪南大公的车辆驶过2号的时候，2号出手了。他从人群中将一颗炸弹抛了出去，这枚黑色袖珍炸弹以抛物线的运动轨迹直冲斐迪南的汽车而去。开车的皇家司机可不是盖的，当瞥见一个黑乎乎的不明物体朝着他们飞来的时候，他眼疾脚快地踩了一脚油门，迅速地给轿车加了速；而斐迪南大公身手也不差，说时迟、那时快，眼疾手快的他挥手一挡，把那颗炸弹拨离了方向，炸弹落在了后面的车篷上，然后弹了出去，又向后飞了一段距离才爆炸，而这时斐迪南的座车已经加速开走了。大公夫妇是有惊无险安然无恙，但后面的车辆却遭了殃，因为偏离方向的炸弹落在了后面的车上，炸坏了后面跟着的汽车，车上和周围的人有几个被炸伤。2号见势不妙想投河自尽（有人说他只是想逃跑，因为河里干得根本没多少水），但很快就被人民群众给救了上来，救他是为了给他一顿暴揍。

① 这两个地区是奥匈帝国从衰落的奥斯曼土耳其手中夺得的，奥匈帝国还特意给了土耳其方面250万英镑作为补偿。

对于突如其来的暗杀行为，斐迪南大公倒是十分镇静，只说了句：“这个家伙有精神病，让我们继续按程序进行。”于是一场虚惊之后，斐迪南大公的车辆继续前行，途中又经过了3号和4号，但他们也什么都没做，被捕的4号后来解释说那是因为他当时很害怕（他说的可能是真话）。当斐迪南从市政厅回来的时候，他突然坚持要去医院看望被炸伤的人，以示君主对臣民的爱护——不过他要求苏菲留下以避免可能再出现的危险，但苏菲坚持要和他在一起。和大公同坐一辆轿车的波斯尼亚总督波蒂奥雷克（Potoriek）则信誓旦旦地拍着胸脯说不会再有危险了，因为那些狂热的塞族恐怖分子能力有限，他们每天最多只能发动一次刺杀行动。

于是轿车继续上路，当车队经过5号的时候，他也什么都没做，他后来解释说自己实在不忍心伤害坐在旁边的大公夫人。而6号早就吓得逃跑了，他在人群中跟斐迪南大公来了个“对视”，大公可能并没有注意到他，但他自己却吓破了胆。本来危险基本消除了，但波斯尼亚总督波蒂奥雷克发现走错了路，于是他命令停车调头，倒车正好倒在一家咖啡馆的门口，而此时以为刺杀行动已经失败的普林西普正在那里借酒消愁——斐迪南大公的车正好停在他面前。就在车队停顿的一瞬间，最后一名刺客，也就是这个7人刺杀小分队的队长、19岁的普林西普冲了出来——他距车辆只有两三米的距离，冲着斐迪南夫妇“啪！啪！”抬手就是两枪。

队长不愧是队长，身手就是比那些菜鸟队员要强，虽然他才刚刚学会开枪，但这两枪却是打得出奇的准——斐迪南大公夫妇俩一开始还安详地坐着，好像没反应过来，但突然血就从斐迪南的嘴里喷了出来，枪子儿打进了他的脖子。

“我的天呐！你怎么了？”苏菲惊叫了起来，但很快她就跌倒了，一头栽倒在丈夫的两膝之间——她的肚子也中了一枪。同车的地方长官还以为她是受惊昏了过去，倒是斐迪南大公反应快，他立即明白是怎么回事了。“亲爱的苏菲，别死！为了我们的孩子活着！”他大叫起来，因为皇妃已经有了几个月的

︿ 斐迪南和他的妻子刚上坐车不久，他们就被普林西普谋杀了。

︿ 该图描绘了斐迪南大公夫妇被谋杀的场景。

︿ 点燃世界大战的 19 岁学生加里夫·普林西普（1894—1918 年），直到现在他还被塞尔维亚人视为民族英雄，斐迪南大公被刺杀地点附近的大桥后来被命名为“普林西普大桥”。不过美国总统的代表则将其称为恐怖分子。

身孕了。周围的人冲了上来，围着斐迪南大公，有人撕开他的外套，想要查看他的伤势，但大公却虚弱地喃喃道：“没事，没事……”

看到任务圆满完成，普林西普抱着宁可壮烈牺牲也不落入敌手的精神，拿枪对准自己的脑袋想要自尽，但周围愤怒的爱国群众很快制止了他，一位热心的围观群众眼疾手快地拉住了他，紧接着警察就扑了上来。但这位队长还有第二套方案，和其他小组成员一样，他也随身携带了一小瓶自杀利器氰化物。在随后的扭打中，他成功将毒药吞了下去，但是他只是呕吐得翻江倒海而没有死——因为毒药已经过期了。从这方面也可以看出，这个暗杀团队真是太不专业了……结果这位没死成的刺客被义愤填膺的警察拿刀背打得脊背开花，最后被押走了。

虽然斐迪南大公说没事，但是几分钟后——大概 11 点半——他和苏菲还是断了气。

好嘛，这还了得！一个国家的法定继承人竟然遭到暗杀，这简直就是被当众打脸！按照我们大多数人的想法：那还了得，揍他！不要冲动，请淡定，我们先来看看斐迪南遇刺后各国的反应吧。

当时奥匈帝国的皇帝弗朗茨·约瑟夫已经 83 岁，18 岁即位的他已经做了 66 年的皇帝了，这位老人家的家庭十分不幸：他的大女儿不幸夭折；他很有才干的儿子鲁道夫（Rudolf）——也是唯一的儿子——风流又叛逆，不但吸毒而且还把梅毒传染给了自己的妻子（在这点上，可以说有其父必有其子，他继承了他父亲的风范，因为老皇帝就曾把淋病传给自己的妻子伊丽莎白），最后他竟然和只有 17 岁的小情人（还是个有夫之妇）一起殉情自杀了。9 年后，老皇帝的妻子，也就是皇后伊丽莎白也离他而去，她是被一个来自意大利的无政府主义者用尖刀刺死的，本来这位刺客是想去刺杀意大利国王的，但是他太穷了，穷到没有钱买去罗马的火车票，所以他想，反正都是杀，杀不了意大利国王，干脆杀掉奥匈帝国的皇后得了……这位皇后我不说大家肯定不知道，我说了大家一定都知道——她就是那位大名鼎鼎的茜茜（Sissi）公主。

老来失妻丧子，白发人送黑发人，最大的悲痛莫过于此。“都死了，就是我不死……”这位在位时间仅次于路易十四的老皇帝曾哀伤地自语道。而现在他的侄子、继承人斐迪南大公也被刺杀了，他会有多悲痛呢？答案是：没你想得那么悲痛。“一种更高层的力量使得秩序重新恢复了，唉……这是我难以做到的。”他对自己的秘书说道。因为弗朗茨·约瑟夫本来就不喜欢这个大侄子，这位老皇帝本身就是个老古董，除了拒绝用电话和汽车外，年过八旬的他还每

天坚持睡行军铁床，洗冷水澡，睡觉前一定要跪下作祷告，每天早上 5 点准时起床看文件，而且他还会说帝国里所有民族（一共 13 个民族）的语言。对于这次刺杀，他似乎觉得这是上帝对斐迪南娶庶民做老婆的惩罚，这样哈布斯堡家族的血液将更加纯净。老皇帝约瑟夫甚至拒绝大公夫妇的遗体进入哈布斯堡王朝在维也纳的墓地。大公夫妇的葬礼上冷冷清清，苏菲的墓碑上只放了一把黑扇子和一双白手套，那是奥地利宫廷安葬侍女的惯例。

在斐迪南大公遇刺后的第二天，非塞尔维亚人在萨拉热窝的街头举行了一

1. 奥匈帝国皇帝弗朗茨·约瑟夫(1830—1916 年）和他身高 1.72 米的皇后茜茜公主。注意看她夸张的小蛮腰，这代表了当时的流行时尚。

2. 弗朗茨·约瑟夫的儿子鲁道夫(1858—1889 年），他 30 岁时在一栋林间小屋里开枪打死了他 17 岁的情人，然后自杀身亡。

3. 鲁道夫和妻子斯蒂芬妮(Stéphanie)。

次游行，一些小流氓袭击了塞尔维亚人的学校和旅社，大约有 50 人受伤、1 人死亡，不过事态很快就平息了下来，政府也承诺立即赔偿受害者。而在维也纳，“刺杀事件没有带来什么影响。维也纳人继续听着音乐喝着葡萄酒，就好像什么都没有发生一样”，因为大家对看起来很冷漠的斐迪南大公并不特别喜爱，只是对谁是主谋很感兴趣。反而是塞尔维亚的首都贝尔格莱德（Belgrade）发生了比较剧烈的骚乱——一方面，因为成功刺杀奥匈帝国继承人而兴奋，有人兴奋得甚至晕了过去，一位奥地利外交官报告说：“塞尔维亚人高兴得相互拥抱。”另一方面，混乱、喧闹的人群在市内游荡、谩骂，以表示他们的愤怒——因为贝尔格莱德的报纸上说有一万名居住在波斯尼亚的塞尔维亚人因此受伤，大量塞尔维亚妇女被强奸——但实际上并没有。实际上，对于杀死斐迪南大公的塞尔维亚人来说，他们并没有得到什么好处，因为斐迪南的民族政策是宽松开明的，他反对奥匈帝国吞并波黑，甚至有继位后给予斯拉夫人参与管理帝国的权利——包括波斯尼亚境内的塞尔维亚人——的计划。但是现在他却被塞尔维亚人暗杀了。

在听到斐迪南遇刺的消息时，德皇威廉二世和沙皇尼古拉二世这两位二世都在度假，前者在挪威沿海，后者在芬兰湾。威廉二世得知消息后立即结束度假返回国内，并对他的好朋友斐迪南大公的遇害表示了哀悼——他们两个几天前还一块儿打猎来着。威廉二世很喜欢斐迪南大公，可能是因为他俩性格很像的缘故。并且他把苏菲当作真正的王妃来对待，这让斐迪南夫妇十分感激。但他并没有去参加大公的葬礼，公开的理由是腰疼，实际上是德国人对奥地利方面能否保证葬礼的安全表示怀疑——好嘛，万一德国皇帝去了再来这么一下子，已经死了两个了，再搭上一个，那才不上算呢。而沙皇尼古拉二世则是在他的游艇上宣布举行哀悼的，为了不被其他国家超过，他把哀悼日期规定为 3 个星期。但与斐迪南遇刺相比尼古拉二世更心疼的是他 10 岁的独生子阿列克谢（Aleksey），这位患血友病的小王子几天前刚刚扭伤了脚骨——这次扭伤导致了内出血，而且是出血不止，这让整个俄国宫廷乱成了一锅粥，因为这可是沙皇唯一的儿子，是他的心头肉。

在英国和法国这两个民主国家，这起刺杀案也没有引起太大的关注。伦敦政府正在忙于处理爱尔兰的危机：爱尔兰人正在积极地闹独立——英国决定让北爱尔兰地区自治的让步遭到了当地驻军的强烈抗议，甚至发生了兵变。因为这个问题，英国内部几乎打了起来，具体的情况是……什么？你对政治问题不感兴趣？好吧，那我们就别罗嗦了，接下来继续看看法国人的反应。

在法国巴黎，人们没有多余的时间关注萨拉热窝事件，他们正在关注一桩凶杀案，这桩涉及色情和政治的凶杀案可要比萨拉热窝的刺杀案刺激得多好看得多……什么？这个你想听？好吧，我们就一起来看看这个带有桃色的凶杀案吧。

其实这件事本身可以用一句话表达清楚：法国前任总理约瑟夫·卡约（Joseph Caillaux）的妻子汉瑞雅茨（Henriette）开枪把《费加罗报》编辑卡尔梅特（Calmette）打死了。而这事的起因十分耐人寻味：卡约是汉瑞雅茨的第二任丈夫，汉瑞雅茨则是卡约的第二任妻子，通俗地说就是两个人都是二婚，他们俩在结婚前就已经是情人关系了。卡约的前妻因为被背叛抛弃而怀恨在心，她把卡约写给她的情书给了《费加罗报》编辑卡尔梅特，而卡尔梅特支持的是卡约的政治对手普恩加莱（Poincare）总统。情书本身并没有什么，关键是卡约写这封情书时他的前妻还是个有夫之妇——两个人当时也是秘密的情人关系。这件事让卡约的第二任妻子汉瑞雅茨很害怕，因为她在还是有夫之妇的时候也收到过这样的信件，她对此深有体会——信里有诸如“吻遍你那娇小可爱的身体一千次”这样肉麻的词句，如果卡尔梅特公开这些情书，这将影响到她丈夫的政治前途。于是她决定采取行动。1914 年 3 月 16 日，她来到《费加罗报》报社要求见卡尔梅特，因为政见不合，卡尔梅特一直在攻击卡约，所以有人劝告他不要与这个女人见面，但卡尔梅特很有绅士风度地表示：“我

绝不拒绝接见女士。”如果他知道接下来要发生的事，大概他会毫不犹豫地将这种风度抛到九霄云外，因为他的这种风度将会为他换来4个血窟窿——就在他的办公室里，他挨了汉瑞雅茨4个枪子，因此丢了性命。汉瑞雅茨后来在法庭上说自己只是想吓唬卡尔梅特一下，所以她开枪的时候是闭着眼睛朝地板打的——一共开了6枪——可她没想到的是卡尔梅特一看到枪就吓得没有绅士风度地瘫倒在地板上了。这个新闻立即占据了法国新闻报纸的头版头条，整整一个月的时间，大家都满怀热情，议论纷纷，充满好奇，翘首以待审判的结果，每天像看直播大片似的盼着。而对汉瑞雅茨的审判也引起了激烈的争论，因为意见不合，两位审判的法官竟要求以决斗定胜负……直到7月29日，审判才以陪审团判定汉瑞雅茨无罪而结束。但卡约被迫辞职，退出政坛。这让法国失去了一个避免大战的机会，因为卡约是法国为数不多的鸽派领导人，之前德法摩洛哥之争引起的战争危机就是当时任总理的卡约化解的。等到法国人的注意力从八卦娱乐新闻转到巴尔干危机上来的时候，已经晚了，就在这一天，沙俄已经开始战争总动员了，大战已经开始。

而对于大洋彼岸的美国人来说，萨拉热窝刺杀事件只不过是在一个他们从未听到过的国家里一个他们从未听到过的人被暗杀了而已，欧洲离他们太远了，而且这十几年世界上发生的暗杀事件太多了，曾经遭到暗杀的有美国的总统、法国的总统、危地马拉的总统、乌拉圭的总统、多米尼加的总统，此外还有塞尔维亚的国王、希腊的国王、俄国的沙皇、匈牙利的王后、墨西哥的皇帝、日

^ 汉瑞雅茨枪杀《费加罗报》编辑卡尔梅特。

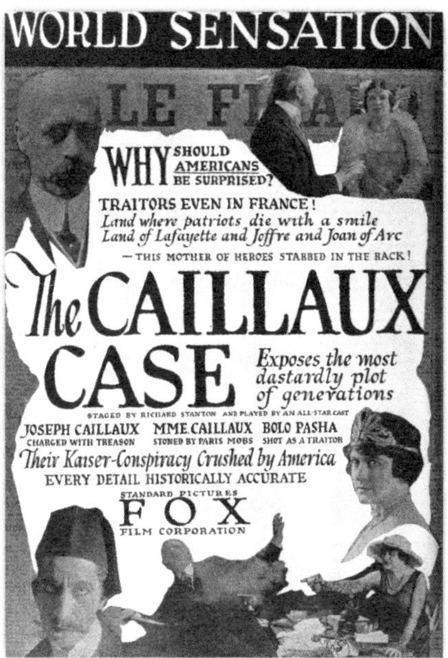

^ 《电影世界》杂志上关于汉瑞雅茨枪杀卡尔梅特的报道。

< 卡约（1863—1944 年）在大战前曾任法国总理，大战期间因倾向于左派反战被克里孟梭（Georges Clemenceau）政府以叛国罪投入监狱，战后才被释放。

本的首相、中国的王爷、西班牙的总理、保加利亚的总理、埃及的总理等等，他们已经习惯了，根本不值得大惊小怪的。而且现在美国正处于和墨西哥开战的边缘，在遥远的欧洲一个不知名的地点发生的这起刺杀案根本算不上什么，所以由它去吧。

刺杀斐迪南夫妇的普林西普并没有被判处死刑，而是被判处 20 年劳役——按照奥地利法律，死刑只适用于年龄在二十岁以上的人。在监狱中的他对苏菲的死表示了歉意，因为这个女人不在他的暗杀名单上，他说本来自己是想要打波斯尼亚总督的。这位刺客死于大战结束前的 1918 年 4 月 28 日，他病死在奥地利的监狱里，死因是肺结核病，但他点燃的大战还在继续。

斐迪南在临死前说“没事，没事”，但是他判断错了，他和妻子都有事，而且整个欧洲都会摊上大事。两颗子弹不但夺去了他们夫妇的两条命——应该是三条命，还有苏菲肚子里的孩子——而且还要在接下来的 4 年里夺去上百万人的生命。

一切的开始，都源于那个夏日的早晨。

现在，导火索已经点燃了。俾斯麦活着的时候就曾说过：“巴尔干国家里的一些混账事儿，会点燃下次的战火。”他的预见是对的，现在火药桶马上就要爆炸了。那么，我们的问题来了——真相只有一个！不，我不是让你推断出谁是幕后的真正凶手，我要问的是：斐迪南大公被暗杀后，他的那件被血浸透的上衣到哪儿去了呢？

A 废话，还能到哪儿去啊，当然是跟着斐迪南大公一起被埋葬了呗，阿门！愿逝者安息……弱智的问题……

B 楼上的脑子被驴踢了吧？你以为太子跟你一样，就只有一件上衣啊？还埋掉……真是暴殄天物！你懂不懂得废物利用啊？血债要由血来偿的！那件被血染红的上衣最后被做成了一面旗帜——引领着战场上的奥地利军队前进！前进！向前进！

C 楼上的两位歇歇吧，这么珍贵的有历史纪念意义的文物怎么会拿来做军旗？这件有着非凡意义的上衣自然是被收藏到了博物馆里——如果你今天到奥地利旅游的话，还能在维也纳的历史博物馆里看到它。

D 不就一件上衣吗？换下来后该扔的扔，该洗的洗，谁知道它后来到哪儿去了。血沥呼啦的，还纪念品，多恶心啊！真是天下本无事，庸人自扰之……

那么，聪明的读者，你认为哪一个答案是正确的呢？什么？你也不知道？那么就好好地读这本书吧，因为答案指不定在哪个角落里待着呢。

第三章
大战倒计时

★★★

"一个个可怕的假设，全都凑到一起来了。"

——丘吉尔（《世界危机》第1卷，第11章）

沙皇俄国一直以来就以斯拉夫人的“一哥”自诩，所以他对奥匈帝国向巴尔干的扩张深感不满，因为那里大部分都是斯拉夫人。现在同为斯拉夫人的小弟塞尔维亚受到了威胁，自然要由大哥出头摆平。俄国方面认为这次刺杀不过是波斯尼亚小青年在瞎胡闹，跟塞尔维亚政府没关系，其实绰号“神牛”的塞尔维亚情报部部长迪米特里耶维奇（Dimitrijevic）就是黑手党的领导人，他被称为“首屈一指的欧洲政治谋杀专家”，塞尔维亚前国王和王后就是他组织谋杀的，因为国王夫妇对奥匈帝国太“友好”了。而这次刺杀斐迪南大公用的手枪和炸弹都是他提供的。

对于萨拉热窝的刺杀案，俄国在贝尔格莱德的大使馆没有下半旗对斐迪南大公的不幸逝世表示哀悼，据说俄国驻贝尔格莱德的大使还在大公遇刺当晚举办了一次桥牌晚会庆祝，这让奥地利人很生气。为此，7 月 10 日，俄国驻塞尔维亚大使哈特维西（Hartwig）特意赶到奥地利使馆去解释，他对奥地利大使说自己并没有在斐迪南大公遇刺那天晚上举办什么桥牌晚会，而在吊唁大公期间拒绝降半旗致哀也是没有影的事儿。奥地利大使表示相信他说的话。也许是太兴奋或者太激动，没过一会儿哈特维西就心脏病突发死在奥地利使馆里。这立马让塞尔维亚的新闻界有了大显身手的机会，外面立即开始风传是奥地利人谋杀了俄国的大使，甚至有人传播小道消息说俄国大使坐的是奥地利人准备的一把电椅，这种秘密武器可以杀人于无形，坐在上面的人会立马死掉，不留一点痕迹……贝尔格莱德则举行了大规模的反奥游行，因为俄国大使是支持塞尔维亚的，这更加剧了两个国家的紧张关系。而这个时候意大利的代办又站出来证明俄国方面确实没在斐迪南葬礼期间降半旗，且他们那晚确确实实举办了桥牌晚会（也许这位代办参加了这次桥牌比赛还输了钱），俄国大使向奥方撒了谎。这又在双方不满的情绪上浇了一桶油。

奥匈帝国是当时除了俄国以外欧洲最大的国家，它的版图这么大不是因为武力强大扩张而来，而大多是通过联姻继承获得的——哈布斯堡家族有两句名言:“让别人去打仗,快乐的奥地利人喜欢结婚。”“战神马尔斯给予别人的东西,你是从爱神维纳斯那里得来的。”但俗话说吃多了难免会消化不良，这个已经经历了近千年的“欧洲老人国”看起来很庞大，但却是一个大杂烩：它的境内除了占主导地位的德意志人和匈牙利人外(占30%),还有捷克人、克罗地亚人、波兰人、意大利人、罗马尼亚人……总共有13个民族、16种语言、5个大区，由16块土地组成，而且拥有两个议会——奥匈帝国即奥地利和匈牙利二元帝国的简称，它包括奥地利和匈牙利两套政府班子，之间互不统属。

奥匈帝国总参谋长康拉德（Conrad）是个鹰派，他一贯敌视塞尔维亚，认为这个无赖小国对奥匈帝国无休止的颠覆是个巨大的威胁。他曾经不断地向奥匈帝国皇帝弗朗茨·约瑟夫提出先发制人防患于未然的建议——直接出兵灭了塞尔维亚，仅1913年他就提出了25个以上的作战建议，但这些都被斐迪南大公否决了，现在斐迪南死了，没有人再坚决反对他了。

对于突然发生的刺杀案，大家都认为这是个收拾塞尔维亚的好机会。奥匈帝国要对塞尔维亚采取行动就必须先进行战争动员，这意味着要把那些正回家收麦子的士兵召回，然后调度全国的铁路系统运送，并把庞大沉重的重型武器运送到前线,这要花费好几个星期的时间,到时候塞尔维亚和俄国早就知道了。而且奥匈帝国一旦对塞尔维亚动手，俄国一定会干涉，从而导致大战。一想到俄国那庞大的兵力就会使人不寒而栗，所以奥匈帝国决定找自己的盟友兼大哥德国帮忙。

因为左臂有残疾——一条胳膊长一条胳膊短，德国皇帝威廉二世显得很自卑，每次照相的时候他都要戴着手套（让左手看起来比较长一点儿），或者干脆把左臂藏起来，而其他一起合影的人也必须配合他把胳膊藏起来才行。这都要怪他妈妈，这位英国公主生他的时候坚持要用英国医生接生，结果臀位分娩加上这个英国大夫的糟糕技术把事情搞砸了，因为难产，接生的英国大夫拿着镊子夹着婴儿的胳膊往外拎,威廉二世因此左臂脱臼,一生下来就成了残疾人。

为了把他培养成正常人，他的英国老妈可谓是煞费苦心，为了刺激畸形的左臂生长，小威廉要经常接受电击治疗，而且还得每天绑在柱子上直立一个小时——还有一次不知道谁从哪儿弄来个偏方，说把刚死掉的兔子绑在胳膊上接受热气就会治好胳膊的残疾，于是小威廉只好每天都和一只死兔子绑在一起。这所有的一切都给他幼小的心灵留下了阴影，让他很反感自己的老妈——从而恨屋及乌地反感英国人。而且这个孩子没有人缘，很不受人欢迎，他的外祖母、英国的维多利亚女王不喜欢他，连他的英国妈妈也不待见他——他的英国老妈认为什么都是英国的最好，连名字也是，所以他妈妈老是叫他的英国名字而不叫他的德文名，有一次，他妈妈甚至拒绝祝他生日快乐。因此威廉二世很不快乐，他感到自己被歧视、孤立，于是“我憎恨每个人”成了他最常说的一句话，尤其是对英国人，特别是英国医生，不仅因为他的残疾，还因为他爸爸腓特烈三世（Friedrick III）也是因为英国医生的误诊耽误了病情，只当了 99 天皇帝就死了。“英国医生杀了我父亲！”威廉二世曾愤怒地说。

另外，性格分裂的威廉二世有时又会很傲慢，因为他是“最能打仗的国家”的皇帝，他有优越感。这位血气方刚的德国皇帝还有点神经质，经常会口无遮拦地乱放炮，他追求“国家绝对安全”，希望德国的地位和实力能得到全世界的承认，但这却让其他国家觉得很不安全，因为他跟邻国相处的格言是：“提高嗓门，挥舞大枪。”以为只要这样就能让他们承认自己的“合法目的”。威廉二世最喜欢的运动是砍树，可能这是他发泄愤怒的一种方式，这也反映出他的性格——容易冲动、反复无常、野心勃勃、神经兮兮。这位德国皇帝有时又很喜欢炫耀，为的是引起别人的注意。他收藏了 300 多套军装，有时一天要换十几套衣服——柏林流传的一个笑话，说他不佩戴海军上将的徽章就不逛养鱼池，不扮成英国元帅的样子就不吃葡萄干布丁——葡萄干布丁是英国的传统食品。一位评论家说：“德皇想参加所有的狩猎活动，做所有婚礼上的新娘，扮演所有葬礼上的死尸。”为的就是引起别人的注意。

现在，威廉二世明白他必须支持自己的盟友，虽然这个盟友徒有其表，但除了这个盟友外周围都是敌视自己的国家，如果不支持的话，连这个唯一的盟友也没了，所以这是他唯一的选择。7 月初，威廉二世收到德国驻维也纳大使的电报，电报中说他已经要求奥地利不要过快地对塞尔维亚采取行动。威廉二世看到后简直暴跳如雷，他写道——他有在外交文书边上写批注的习惯——“撒谎！胡说！谁给他权力那样做？塞尔维亚必须受到惩罚，立即执

∧ 童年威廉与父亲腓特烈三世、母亲维多利亚长公主（腓特烈皇后）和妹妹夏洛特公主。

> 德意志帝国最后一任皇帝威廉二世（1859—1941 年），他留的牛角胡子在当时很时髦，同时代的袁世凯就留的这种胡型。战败后流亡荷兰的威廉二世曾留下遗愿称如果王朝不复辟他就不回国，所以直到现在他的灵柩仍安葬在荷兰。

行！”他同意奥匈帝国惩罚塞尔维亚，并表示无论奥匈帝国做什么决定他都会全力支持。但到底怎么惩罚，惩罚到什么程度，他没有说。后来丘吉尔（Churchill）评价道：“这等于德意志帝国拿所有资产作抵押，给维也纳开了一张随意使用的空头支票……”

威廉二世的话传到维也纳后奥地利人很兴奋，他们认为德国已经表明了态度。而实际上威廉二世并没有无条件支持奥匈帝国发动战争的意思，他认为不会爆发大战，所以否决了战争大臣军事准备的建议。“沙皇的注意力不在斐迪南大公遇刺上，他不会站在弑君者一边的，法国和俄国也没做好战争准备。”他说。说完后他就返回挪威继续度假去了。威廉二世同意教训塞尔维亚一下，他认为只要奥地利动作够快，其他国家根本反应不过来，尤其是反应迟钝的俄国。而只要德国硬起来，俄国就会软下去，承认既定的事实。

但奥地利方面的办事效率却没有威廉二世设想的快，他们拖拖拉拉，比俄国还要迟钝，过了 4 个星期调查报告还没有搞出来。在经过了几十天的激烈讨论后，奥匈帝国的内阁成员最终决定：向塞尔维亚提出其无法接受的严厉要求——因为只有塞尔维亚拒绝才能使他们有进一步动作的理由。他们一致认为，俄国绝对不会允许塞尔维亚被奥匈帝国吞并，那么他们可以打败并削弱这个小国，塞尔维亚的部分领土可以分给希腊、保加利亚和阿尔巴尼亚，剩下的部分将成为奥匈帝国的一个卫星国，这样也许就不会引起俄国的干涉。后来的事实证明这只不过是他们一厢情愿。

7 月 23 日，奥匈帝国向塞尔维亚政府提交了“有时间限制的照会”，限其 48 小时内回复，说白了就是“最后通牒”。这种文字游戏其实是为了忽悠其他国家，维也纳大使特意向他们的敌人和朋友——俄国和德国——保证他们并没有偷偷地策划什么值得担忧的东西。为了保持计划的秘密性、突然性、欺诈性，他们连自己的盟友德国都没有告知。但外交大臣贝希托尔德（Berchtold）一不小心说漏了嘴，他把“最后通牒”的事儿告诉了自己的一个老朋友，这位老朋友立马把这个消息转告给了英国大使，英国大使又赶紧把它转告给了俄国人……到后来连最爱传播小道消息的意大利人都知道了，而贝希托尔德还以为其他国家都蒙在鼓里。

这份照会共包括了 10 条要求，对于奥地利提出的这一系列要求，其他国家都没有觉得有什么不妥，英国报纸称这些要求既合情又合理，而且是一份负责任的照会——只是最后期限应该推迟一点。塞尔维亚离英国太远了，大不列颠对它根本不上心，在奥匈方面向塞尔维亚宣战 4 个小时后，英国方面才知道这个消息。

当俄国获悉这一照会内容时，俄国人被激怒了，他们认为这是奥匈帝国和德国商量好了的，目的就是要将俄国的势力赶出巴尔干半岛。如果俄国不出手帮助同为斯拉夫人的塞尔维亚小兄弟的话，那么俄国的面子将会丢光，所以必须表现出强硬态度，好让奥匈帝国知难而退。于是就在塞尔维亚给予回复的前一天，俄国开始战争动员。

最后通牒的内容一共有 10 条，比如说解散民族自卫队，按奥方定下的名单罢免反奥官员，同意奥地利方面到塞尔维亚去调查一番，取缔一切反奥的宣传和组织……这都是塞尔维亚根本不能接受的，而康拉德要的就是这个效果。在通牒送出去之后，奥匈帝国就开始进行战争总动员了。“万一塞尔维亚政府接受了呢？”当被问到这个问题时，康拉德回答说：“那就让塞尔维亚承担我们进行军事总动员的费用。”

7 月 25 日，奥匈帝国最后通牒时间截止前 2 分钟，塞尔维亚准时提交了答复。对于奥地利的这些要求，塞尔维亚几乎是照单全收，连威廉二世也承认塞方的回复“把发动战争的每一条理由都驳斥得体无完肤”，但对于奥地利直接参与刺杀斐迪南大公的案件和内部相关事宜的要求——奥地利要求直接介入贝尔格莱德搜索并调查刺杀策划者——则予以拒绝，因为这侵犯了其主权，不过塞尔维亚表示他们可以把案子的调查结果传递给奥地利方面。

维也纳驻塞尔维亚大使立即宣布拒绝接受塞尔维亚的答复，他连塞尔维亚的答复文件都没有拆封，就当场宣布与塞尔维亚断交，这位大使早就料到塞尔维亚不会完全接受，所以他连行李都准备好了。按照预定好的计划，半小时后他就上了火车，10 分钟后，他跨过边境回到了自己的国家——这也创造了一项断绝外交关系最快速度的世界纪录。

其实在提交答复前的几个小时，塞尔维亚就开始了战争动员——他们也早就料到奥地利会拒绝自己的答复。在奥匈帝国开始战争动员的时候，塞尔维亚的陆军元帅拉多米尔·普特尼克（Radomir Putnik）正在奥地利度假，所以他被作为“敌人”被逮捕了，但是，奥匈帝国的皇帝弗朗茨·约瑟夫却表现出了绅士风度，他下令释放了普特尼克，并派专车将他送回贝尔格莱德——这一义举简直可以同春秋时期的宋襄公媲美。但老皇帝的妇人之仁将使他的军队吃尽苦头。

7 月 28 日上午 11 点，奥匈帝国对塞尔维亚宣战——这个时间正好是一个月前斐迪南大公遇刺的时间。为了能迅速向塞方宣战，贝希托尔德添油加醋地向老皇帝报告说塞尔维亚已经开始向奥匈帝国在多瑙河的阵地开火了——事实上这是根本不存在的事儿。虽然奥匈帝国已经向塞尔维亚宣战，但由于塞尔维亚政府已经从贝尔格莱德迁走了，奥匈政府不知道怎么把宣战书送给他们，于是外事大臣贝希托尔德将宣战书发给了塞尔维亚的军事总部，希望其能够转发——后来为了保险起见，他又发了一封给塞尔维亚的外交部。当塞尔维亚首相帕希斯收到两封宣战书的时候，他被搞懵了，怀疑这是一个恶作剧，于是他赶紧去询问德国大使，但后者告诉他他根本不知道有这回事——德国人确实不知道，连威廉二世也不知道。

7 月 29 日午夜，沙皇尼古拉二世和德皇威廉二世这两位表兄弟进行了一次亲切而友好的非正式接触——尼古拉向威廉发出一份电报，表达了“对一个弱国发动一场不光彩战争”的愤慨，并质问德皇“为了咱们的老交情，你能不能阻止你的盟友不要走得太远”。署名是他的小名“尼基”。德皇威廉二世也给尼古拉发去电报表达了自己对和平的期待，并表明自己“正在利用我的影响力促使奥地利人直接与你达成令人满意的谅解”。署名是“你最诚挚并深爱着你的朋友加表兄维利”。

从电报上来看，两位皇帝兄弟很是亲密，但事实上他们两个人都不喜欢对方，尼基背地里称自己的表哥威廉是个“没教养的恶少”，威廉二世则在收到的电报上写道“他（尼古拉二世）承认自己懦弱，但又想把责任放在我的肩膀上”，他认为尼古拉只配在乡下草房里种萝卜。威廉二世虽然不支持奥匈帝国发动一场大战，但却支持其在通牒中对塞尔维亚的惩罚，他建议占领与奥匈帝国一河之隔的贝尔格莱德，然后赖着不走，直到塞尔维亚人答应一切条件后再把首都还给他们——在普法战争中德国人就是这样做的——以防止接受最后通

^ 精通英、法、德、俄四国语言的沙皇尼古拉二世（1868—1918 年）是个好爸爸也是个好丈夫——性格软弱的他会对皇后对自己严厉的训斥表示感谢——但他却不是一个好的君主。

牒的塞尔维亚人说话不算话。

就在这一天，沙皇尼古拉二世批准了俄国的总动员令。在20世纪初的欧洲，战争动员就像雄性动物展示自己的力量一样，目的在于给予对方压力并迫使其让步；又很像美国俚语中的“胆小鬼”游戏：两人驾车撞向对面的死对头，双方都希望对方在最后一刻转向，而自己的胆量能胜过对手。以前每次冲撞都因为有一方先软了下来而得以避免，但这次却玩脱了。在1905年奥匈帝国吞并波黑的时候德国就表示了支持，当时刚被日本打败的俄国因为实力不济而怂了，第一次巴尔干战争的时候，面对德奥两国对塞尔维亚的压制，刚刚镇压完国内革命的俄国又怂了。但这次沙皇决定，不能一怂再怂了，因为他得到了法国的鼓励和支持。7月20日，法国总统普恩加莱特意访问了俄国，表示如果德奥发动战争，法国一定会顶俄国。现在俄国的动员就是要给奥匈帝国以压力，尼古拉二世希望这样能迫使其重新考虑一下。但实际上俄国的动员加剧了局势的紧张，因为其总兵力有140万，这使德国产生了危机感——这样庞大的兵力足以直接威胁到任何国家。

于是无论是否已经打草惊蛇，在奥地利向塞尔维亚宣战48小时之后，俄国开始了总动员——外交大臣萨索诺夫（Sergei Sazonov）告诉沙皇只针对奥地利的局部动员是不行的，因为这将导致军队的混乱，所以必须实施总动员，而总动员并没有危险性，因为他认为总动员不一定会导致德国参战。跟奥地利的做法一样，萨索诺夫也没有向自己的准盟友英国人透漏这个消息，他信誓旦旦地向英国大使保证只有奥地利跨过塞尔维亚的边界俄国才会开始总动员——萨索诺夫认为只要俄国总动员的命令没有张贴出来总动员就不算正式开始了。

7月30日午夜，尼基特地发电报给维利解释说俄国并没有威胁德国的意思，他表示“俄国方面的军事准备措施都是5天前决定的，目的是为了防备奥地利的战争动员”。这封电报不但没有缓解紧张，反而起到了火上浇油的作用，因为他告诉维利俄国已经领先德国一周就开始战争动员了。于是，为了不落在后面，维利决定德国也必须立即、马上、赶紧开始军事动员。

同一天，修道士拉斯普廷（Rasputin）给沙皇皇后亚历山德拉（Alexandra）发去了一封电报，他预言说："不要让爸爸（拉斯普廷对尼古拉二世的称呼，他叫亚历山德拉"妈妈"）策划战争。战争将使俄国和你都毁于一旦。你将一无所有。"这位神秘的修道士是个"半仙"似的人物，不但长相像山羊，连体味也像山羊——因为他不爱洗澡，据他说洗澡会减弱他的法力。你也可以叫他"颠僧"、"圣愚"[①]或"神棍"。

这位半仙似的人物原来只是个放荡不羁的无赖、半文盲的西伯利亚农民、一个经常醉醺醺的醉鬼、打过工偷过马的小贼，特别爱勾搭妇女，他的诨名"拉斯普廷"俄语就是"淫荡"的意思。1905年，拉斯普廷被作为一位拥有超能力的修道士介绍给了皇后亚历山德拉，当他用无法解释的力量（有人说是催眠术）治好了小皇子阿列克谢的血友病后，他得到了皇后的充分信任，立即成了炙手可热的红人。除了"妙手回春"之外，拉斯普廷还有未卜先知、预知未来的"超能力"。有一天，拉斯普廷突然紧张地对皇后说："皇后妈妈，千万别让孩子们进儿童室，我看见了。"几天以后，儿童室一个巨大的吊灯从天花板上掉了下来，摔得粉碎。这让皇后感激不已，但据后来一些人披露，这其实是拉斯普廷的一个圈套，儿童室内的水晶吊灯之所以会掉下来，是因为拉斯普廷事先把吊灯的链子锯了一个口子。但皇后却坚信他是一位圣人，是上帝派来的神，并开始把他当作亲信和顾问，几乎对他言听计从。无数贵族妇女争相召他上门，请他"作法"，拉斯普廷几乎是要风得风要雨得雨。这位半仙对战争很反感，因为他很清楚：战争一开始，他惬意快活的享乐生活也就必然结束了。虽然沙皇对拉斯普廷的预言一向很信服，而且这位很"面"的二世——他给老

① 东正教中外表邋遢、言语疯癫的游民教士，被认为是上帝派来的先知。

婆的信里署名都是“你可怜的、小小的、意志薄弱的老公”——一向很听老婆的话，但这次他看了拉斯普廷的信后根本不信，还把电文直接撕成了碎片。后来的结局显示，拉斯普廷的“预言”是对的。

随着危机的加深，法国方面也开始备战，但法国总统普恩加莱下令部队一律从边界线后撤 6 英里，和俄国的想法一样，他希望让德国来扮演侵略者的角色，让德国人打第一枪，这样法国就能将英国拉过来。之后，普恩加莱召见了英国驻法大使，希望英国宣布支持法国，他说这样的话就能够威慑德国，防止

^ 沙皇皇后亚历山德拉（1872—1918 年）是维多利亚女王的外孙女，她 13 岁的时候和还是皇储的尼古拉二世一见钟情。1896 年尼古拉和亚历山德拉在莫斯科进行了加冕典礼，但在仪式上，又沉又重的圣安德烈勋章银链从沙皇的肩膀上滑落下来，掉在地上，这被人们认为是不祥之兆。亚历山德拉才识浅薄却固执贪权，引来许多俄国贵族的反感，她甚至被称为“来自德国的苍蝇”。

^ 拉斯普廷（1869—1916 年）有一双淡蓝色炯炯有神的眼睛，具有催眠的效果，声音低沉洪亮，具有迷人的吸引力。据说他和所有的俄国贵族少女都上过床，每当他和处女发生关系后都会留下对方的一缕头发作纪念——1977 年当地政府拆毁他住过的房子时，在花园里发现了好几口装满女人头发的箱子。

战争爆发。但英国大使回答："英国政府难以做出这样的声明。"

31 日，德国也向英国大使爱德华·格雷（Edward Grey）发出要求——英国保持中立，德国则保证会恢复法国和比利时的边界线。这个要求暗示了德国会进攻法国，理所当然遭到英国的拒绝，因为英国一贯实行的是"枪打出头鸟"的政策，欧洲大陆上谁最强就反对谁。不过英国还是表达了善意，格雷向德国保证，如果德国努力制止战争的发生，英法俄就不会再敌视德国。不过其中也加入了自己的私货，即德法两国一旦交战，一定要保证比利时的中立——这就意味着德法只能在他们接壤的边界上打仗，这样就不会威胁到英国。法国很痛快地答应了英国的要求，因为法国的计划是进攻比利时南部的德占法国地区，即阿尔萨斯和洛林；而德国则予以拒绝，因为他的战争计划中比利时是必经之地。

现在的情况是：每个国家都害怕别的国家的战争动员会威胁到自己，为应对这个威胁，自己也必须战争动员，而反过来战争动员又加剧了紧张的气氛，从而导致更多的国家采取总动员……如果人家动员了而你没有，那就好像一个人衣袋里装着手枪却任凭别人把武器顶在自己的头上。德国向俄国发去最后通牒，"如果俄国不停止针对奥匈帝国的所有军事措施，德国将在 12 小时后进行战争动员"。同时，德国也向法国发去了最后通牒——与其说是通牒倒不如说是宣战书，因为通牒要求法国保持中立，法国根本不可能答应——如果法国愿意保持中立，那么就请将图尔（Toul）和凡尔登（Verdun）两个要塞交予德军，等战争结束，再行奉还。最后还威胁道：如果动员，就意味着战争！

这等于说要法国把自家大门钥匙交给德国人。这简直欺人太甚！连德国驻法国大使都觉得这个要求太蛮横，不好意思向法方提交这份通牒。法军正跃跃欲试地想要夺回阿尔萨斯和洛林以报普法战争的一箭之仇，即使没有这个条件他们也会拒绝，因为现任法国总统普恩加莱就是洛林人，他的故乡现在就在德国人手里，他早就立志要收复故土了。法国政府用专门的外交术语表示："对于法国的行动，事先不能告诉你们，我们将保留行动的自由！"翻译过来就是：

我要干什么，你管不着!

这一天晚上，一直反对战争的法国社会主义分子、社会党的领导人、普恩加莱的政敌让·饶勒斯（Jean Jaures）被无业青年拉乌尔·维兰（Raoul Villain，他的姓在英文里就是歹徒的意思）开枪射杀。这个小青年本来是准备到德国去刺杀德国皇帝的，但当他在闲逛的时候看到了咖啡店里的饶勒斯时，他意识到不出国就能为国家出一把力，把这个家伙干掉的话就没有人反对战争了。当时饶勒斯刚刚召集法德两国反对战争的社会主义者开完会，这位左派的领袖希望阻止大战爆发，但不幸两颗子弹爆了他的头——维兰从窗外给了他两枪——于是法德两国的社会主义者失去了领导和组织者，没有人再去阻止战争了。

在这一天即将结束的时候，尼基和维利这对表兄弟在电报里又进行了一番交流，他们都信誓旦旦地表达了自己对和平的渴望，并企图说服对方先放弃武力威胁。最后尼基“深情”地表示：“有上帝的帮助，也为了避免屠杀，我们之间刻骨铭心的友谊必须延续下去。我焦急地、充满信心地等待着你的回复。”

但维利并没有回复他。

为什么德皇没有回复呢？因为德国已经停不下来了，军事战争的机器已经高速运转起来，德国等不起了，再拖延下去他们将失去先击败法国再迎战俄国的机会——早在5年前，德国就制定了战争计划，这个计划是由德军前参谋总长施里芬（Schlieffen）制定的。由于法俄已经结盟，一旦大战爆发，位于中欧的德国会处于两国东西夹击的境地。那么怎样打破这种不利局面呢？施里芬的计划就是：一个一个解决。

首先德军要集中力量先打败一个敌人，对另一方暂取守势，待打败一方，再利用德国发达的铁路网——德国当时的铁路密度居欧洲第一，里程是英国的2倍——迅速调兵击败另一个敌人。德国可以利用其铁路网发达的优势在24

小时内完成总动员，而法国则需要一周时间，庞大、臃肿、落后、迟钝的沙皇俄国则需要至少一个月。德国要利用这个时间差，将70个精锐师——相当于西线总兵力的90%——放在西线的右翼，以迅雷不及掩耳之势穿过比利时攻入法国，横扫法国沿海地区。这样强大的兵力将碾碎路上的一切障碍绕到巴黎西面，直取法国的首都。固守德法边界的8个师则作为诱饵等待法军来攻，诱敌深入。法军越深入德国境内，后方就越空虚，右翼成功的概率就越大。最后左翼将配合右翼，将法军主力压缩在“铁锤”（右翼军队）和“铁砧”（左翼军队）之间，将其聚而歼之。德军将费不了多少力气，因为德军强于法军。在东

∧ 法兰西第三共和国总统普恩加莱(1860—1934年)是强硬的反德派，克里孟梭评价他说：“普恩加莱什么都知道，但什么都不懂。”

∧ 德国前总参谋长施里芬(1833—1913年)，他在任期间制定了与俄法东西两线作战的“施里芬计划”——这也是“闪电战”的雏形。虽然他在大战的前一年就去世了，但却影响了整个战局。

线，德军只留 9 个师也就是约 1/8 的兵力监视俄国，待 4~6 周内打败法国后再回师东向，击败反应迟钝的俄国。

这个计划看起来很是精密完美，但却犯了两个错误：

第一，低估了法国的抵抗能力；

第二，低估了俄国的动员能力。

施里芬于大战爆发前的 1913 年 1 月去世，他在这个计划中已经花费了 10 年的心血，这个计划的核心是速度，因为速度就是胜利。如果俄国在德国击败法国之前动员完成的话，德国就将陷入两线作战的困境。所以动员必须要快！还有很重要的一点：如果德国接受俄国的建议，那么面子往哪搁？大家都会说：看，因为害怕俄国的战争威胁，德国怂了。

8 月 1 日下午，德国宣布由于未收到俄国的答复，德国和俄国已处于战争状态。就在德国向俄国宣战几个小时后，他们收到了英国大使爱德华・格雷的一封重要电报，格雷在电报中问道：如果法国在德俄战争中保持中立，德国能否保证不攻击法国？这个消息让德皇欣喜若狂，如果法国保持中立，德国就可以不冒两线作战的风险轻而易举地制服俄国了。于是他立即向总参谋长小毛奇——赫尔穆斯・冯・毛奇（Helmuth von Moltke），俗称小毛奇，他的伯父是在普法战争中领导普鲁士击败法国的老毛奇——下达命令：把主要军队集中到东线去。这个命令遭到小毛奇的反对，因为他的战争计划是要两线作战，一线作战将打乱德国精确的战争计划表，而且会引起混乱，因为这涉及 1.1 万列火车的调度——为了防止调度中出现差错，每年他们都会进行不同情况的调度演习，这些演习极端复杂，据说军事学院培养出来的最聪明的人都被送到了铁路部门做调度工作，但最后他们都进了疯人院。如果突然改变定好的计划，正开往前线的部队和火车会拥挤在一起引起交通堵塞，几百万军队将变成一堆手持枪械的暴民。而且，法国和英国真的会放弃从背后攻击德国的大好机会吗？对此他表示怀疑。最后在首相贝特曼（Bethmann）和战争大臣法金汉（Erich

von Falkenhayn）的劝说下，小毛奇才答应推迟几个小时实施战争动员。

然而，威廉二世只高兴了几个小时，又一封来自伦敦的电报打破了他的幻想。刚开完内阁会议的格雷告知德国，如果只是奥匈帝国和俄国单挑，英国就不会掺和，但如果德国想打群架，英国就不会坐视不管。而且因为德国方面不能做出不入侵保持中立的比利时的保证违反了约定，英国要保护比利时这个小弟，所以很难保持中立。这样一来，他早先提出的那个建议也就不算数了。关于德国与俄国开战后法国是否中立的问题，他也不敢保证，因为法国总统普恩加莱忽悠英国说只要英国声明支持法国，德国就会退缩，战争就不会发生。

看了这封电报，威廉二世顿时有一种被耍了的感觉，他开始大骂英国人都是骗子，并下令：恢复执行原计划！

傍晚 7 点钟左右，德国驻俄大使普塔莱斯（Pourtales）见到了他的好朋友、俄国外交大臣萨索诺夫，在把宣战书交给萨索诺夫的时候，他哭了，他在这里已经 7 年了，已经对这里有了感情。萨索诺夫接过宣战书也哭了。两个大男人拥抱在一起抱头痛哭，但很快——就像电影里演的那样——这对好朋友就推开对方，开始互相指责对方背叛了自己。

1914 年 8 月 2 日，德军开进卢森堡并向比利时发出最后通牒（这个通牒在 7 月 26 日奥匈帝国向塞尔维亚宣战前就起草好了），以“安全”为目的要求借道，德国驻比利时大使贝洛（Below）特意来到比利时外交部，声泪俱下地哀求对方接受他们的要求，不要抵抗——他对比利时已经有感情了。但这番“好意”被比利时人坚决地拒绝了，比利时国王艾伯特（Albert I）气愤地宣布：“比利时是一个国家，不是一条路！”他下令炸毁桥梁和铁路，阻止德国人入侵。于是德国决定不顾比利时的中立地位，入侵这个“敬酒不吃吃罚酒”的小国家（在施里芬计划中这是早已确定了的），因为威廉二世说：“谁要是在战争中不站在我这边，谁就是反对我！”德国首相贝特曼在议会中特意对入侵比利时的行为作了解释，他说：“这是出于军事上的需要，而‘需要’是不懂得

︿ 比利时国王艾伯特一世（1875—1934 年），在 1913 年访问德国时他就得知了德国的战争计划，而后他立即告知了法国。1934 年，他在一次登山活动中丧生。

法律的。”这赢得了一些议员的起立致敬，他们甚至鼓掌高呼：“非常正确！”

8 月 3 日，德国以法国飞机侵犯了他们的领空并投下炸弹为由——其实根本没有——对法国宣战，德皇威廉二世在为出征的士兵们饯行时说：“你们在落叶之前就会凯旋。”大家都兴高采烈地认为战争会在圣诞节之前结束——战争确实是在圣诞节之前结束的，不过是 4 年后的圣诞节。

而就在这一天夜里，英国外交大臣格雷和朋友站在窗口，窗下华灯初上，他望着伦敦城中的点点灯火，忧心忡忡地说：“整个欧洲的灯光正在熄灭，我此生不会看到它们重放光明了。”结果真的被他不幸言中，因为后来他失明了。

第四章

奔向僵局

★ ★ ★

“我们最后将在两线作战中疲于奔命！这同我们这个战役辉煌的开端真是天差地别！”

——小毛奇（1914 年 9 月 12 日）

从 1914 年 7 月 28 日奥匈帝国向塞尔维亚宣战开始，欧洲的局势像多米诺骨牌一样引起了连锁反应：

奥匈帝国说我要和塞尔维亚单挑，俄国你不要管！

俄国说塞尔维亚是我小弟，你敢打他我就打你！德国你不要管！

德国说奥地利和我都是日耳曼兄弟，你打他我就要打你！法国你不要管！

法国说俄国和我是盟友！你打他我就要管，早看你不顺眼了……英国快来帮忙！

英国路见不平一声吼——来了！

于是单挑变成了群殴……一场大群架开始了。

8 月 1 日，德国向俄国宣战；

8 月 3 日，德国向法国宣战；

8 月 4 日，德国向比利时宣战，英国也向德国宣战；

8 月 5 日，奥匈帝国向俄国宣战；

8 月 6 日，塞尔维亚向德国宣战；

8 月 10 日，法国向奥匈帝国宣战；

8 月 12 日，英国也向奥匈帝国宣战……

在短短的十多天时间里，几乎所有的欧洲大国都卷入了战争！

对于即将到来的战争，各国民众都显得欣喜若狂，因为大家都认为这是一个清算的好机会——德国人认为他们可以攻占巴黎再创辉煌，法国人认为他们可以收复失地一雪前耻，俄国觉得自己可以打垮奥匈帝国成为巴

尔干霸主，奥匈帝国期望粉碎塞尔维亚以绝后患，英国则希望一举摧毁德国海军的威胁从而高枕无忧……在德国，各大媒体——甚至企业家、科学家、艺术家、学者都捋胳膊卷袖子或撰文演讲，纷纷表达德国进行的这场战争是多么神圣。一些马克思主义者也立马变成了马尔斯（Mars）[①]主义者。宣战这天，德国军乐队在皇宫门前演奏了国歌——数千德国民众围在一起跟着高声合唱。一些有“间谍”嫌疑的俄国人都遭到了爱国群众的自发痛扁，好几个人都死在群众的“爱国拳”和“泄愤脚”之下。拿着鲜花的群众自发为奔赴前线的士兵们送行。德国国内后来流行着这样一种彪悍口号：“一枪干死一个俄国佬，一刀捅死一个法国佬，一脚踩死一个英国佬，一拳打死一个日本佬！[②]”

〈 德国宣传画中出现充满自信的标语：一枪干死一个俄国佬，一刀捅死一个法国佬，一脚踩死一个英国佬，一拳打死一个日本佬！德国皇帝威廉二世 8 月 4 日宣称：“我们没有兴趣侵占他国，但我们将以不屈不挠的意志守卫上帝赐予我们的领土。”在这种宣传的引导下，德国民众对自己的国家是在进行一场自卫战争深信不疑。

① 马尔斯是罗马神话中的战神。
② 1914 年 8 月 23 日日本加入协约国，对德国宣战。

在冬宫外的广场上，人群也在不断地欢呼，成队的哥萨克骑兵激情满怀地挥舞着马刀高喊着："普鲁士必亡！德国必亡！""把德皇威廉流放到圣赫勒拿岛去！"俄国在宣战这一天特意把首都圣彼得堡改名为彼得格勒，因为圣彼得堡这个名字有德语的后缀。而柏林的德国人见了面也不再互相问候"早安"，而是说："上帝惩罚英国。"被问候的人则回答："必须的！"不爱学习的德国学生也很高兴，因为所有的英语老师都被解雇了。作为报复，英国方面则规定禁止在英国演奏德国作曲家（比如说贝多芬）的作品，最后连作为宠物的德国小猎犬也被列入了黑名单。1915 年意大利向德国宣战后，德国餐厅立马宣布停止供应"意大利沙拉"……

8 月 4 日，德军开进比利时。对于这次战役，一向严谨的德国人制定了精细的日程表，甚至连有多少列火车在什么时间通过哪些桥梁都有着详细的计划。具体计划是：动员发起后 12 天内打开比利时的列日（Liege）通道，第 19 天拿下布鲁塞尔（Brussels），第 22 天进入法国境内，第 39 天攻克巴黎，获得最终胜利。

施里芬的计划已经开始实施，不过却是"缩水版"的。1913 年施里芬去世之前曾以无比敬业的精神挣扎着说："必须保持右翼的强大！"直到临死，这位参谋长都认为西线的右翼是取胜的关键。但他的继任者、负责执行计划的小毛奇却是个缺乏自信的悲观主义者。威廉二世让小毛奇当总参谋长的一

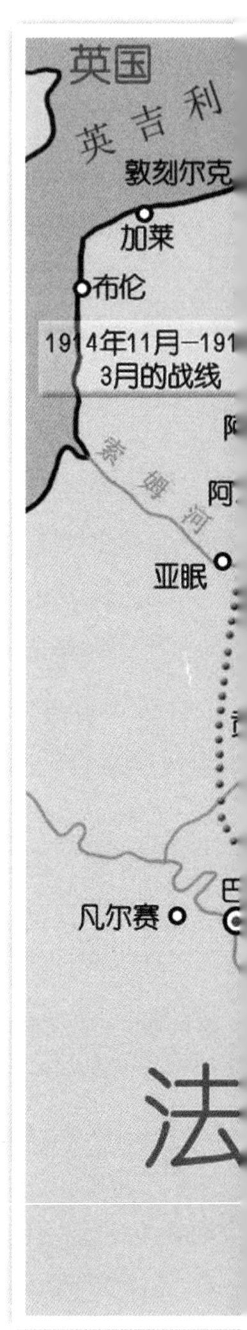

1914—1918 年的西线战场。

荷兰
斯坦德
布鲁日
安特卫普
根特
马斯特里赫特
帕斯尚德勒
伊普尔
布鲁塞尔
比利时
图尔内
列日
里尔
那慕尔
康德
莫伯日
杜埃
阿尔贡森林
康布雷
阿登山脉
圣康坦
色当
卢森堡
瓦兹河
拉昂
埃纳河
贵妇人路
马斯河
苏瓦松
兰斯
1918年11月战线
提埃里堡
凡尔登
马恩河
夏龙
圣米耶尔
年9月德军推进线
图尔
南锡
塞纳河
德国
莱茵河
洛林
埃皮纳尔
阿尔萨斯
法国

个原因是他叔叔老毛奇曾带领普鲁士打赢了普法战争,所谓老子英雄儿好汉嘛,叔叔英雄侄子也不会差到哪儿去。可当小毛奇听到德皇的任命时，他竟丧气地说："难道陛下奢望一张彩票中两次头奖？"小毛奇对只用 9 个师的薄弱兵力来守卫东普鲁士十分担心，因为这里是德国容克地主[①]的老家、皇室霍亨索伦（Hohenzollern）家族的龙兴之地，这样做风险太大，万一丢了自己可吃罪不起。于是他将东线兵力增加到了 13 个师。同时他又担心孱弱的西线左翼将丢掉普法战争中从法国夺来的阿尔萨斯和洛林两个省，于是又从右翼抽调了 11 个师的兵力来加强左翼，这使得左右两翼兵力的对比由施里芬计划的 1:7 变成了 1:3。而德军面对的是一支和他们规模相当、战斗力相当、现代化程度也相当的法国军队，就连作战计划也相当——如果说小毛奇是过于小心的话，那么法军总司令约瑟夫·霞飞（Joseph Joffre）就是过于大胆，他把法军的主攻方向也放在了右翼（也就是德军的左翼）的法德边界，而对自己的左翼不管不顾。虽然法国早就通过间谍获知了施里芬计划，但他们不相信德国会舍近求远地穿过比利时去攻打巴黎。

和德国一样，法国也想要速战速胜，首先进攻，因为他们觉得"只有进攻才与法国将士的气质相称"。他们制定的"17 号计划"（之前制定过 16 个，都被霞飞给否决了)要突破被德国人割占的阿尔萨斯—洛林山区直捣德国腹地。很有趣的是，法国人这个进攻德国的计划是以德国人克劳塞维茨的理论为基础的，而德国人进攻法国的计划则是根据法国人拿破仑的战略制定的。而且双方都计划从自己的右翼发起进攻。

德军本来以为比利时士兵只是些"巧克力兵"，因为比利时只有 7 个师——第一批开进比利时的德军有 34 个师，而且他们装备的弹药少得可怜，可怜到

① 容克，德语 Junker 的音译，意为"地主之子"或"小主人"。容克地主阶级原为普鲁士的贵族地主阶级，是德国军国主义政策的主要支持者。

〈 老毛奇的侄子小毛奇（1848—1916 年），这位继承者守成有余开拓不足，被称为“忧郁的恺撒”——在被德皇批评后，他会哭鼻子。大战还没结束他就抑郁而终了。

每人每周只能进行 2 次实弹射击，每次 1 发子弹，连狗拉的机枪都会引起围观群众的欢呼。所以德国人相信比利时人只会象征性地抵抗一下，然后列队欢迎德军，开往比利时的时候他们都高兴地唱着歌——有唱《德国至上》的，也有唱《国王胜利万岁》的，好像大家不是去打仗而是去郊游。但出乎意料的是，他们遭到了比利时人的拼死抵抗。首先，改变施里芬计划开进比利时的德军面临着列日这个要塞，这里是德军右翼攻入法国的必经之路，也是比利时的大门。但要攻克这个要塞并不容易，因为这个城市有 12 个巨型堡垒环绕着，堡垒上有可升可降的装甲炮台，每座炮台上都有近 10 门大炮——光建设这个要塞就花了 25 年。堡垒里隐蔽着 8000 名士兵，而且还有一支近 2.4 万人的机动步兵师在保护它。每座炮台周围还配有强光探照灯，以防止夜间的偷袭。

德军的头两次攻击都被击退，他们的76毫米野战炮打到堡垒上就像给人家挠痒痒似的不管用，士兵的徒步冲锋则被暗堡密集的火力成群地撂倒……这时少将鲁登道夫（Ludendorff）来到了现场。鲁登道夫是一位协调员，早在几年前他就制定好了摧毁列日堡垒的计划了，为了做好侦察工作，他经常去比利时旅游。在看清战场的形势后，鲁登道夫立即下令一队骑兵去列日北面，诱使比利时军队离开列日；当他发现德军一个旅的指挥官阵亡时，他立即补了上去，并开始指挥那个旅——这都不是他的任务。当他发现列日守军的大本营附近没有动静的时候，竟然直接带人冲了过去。他用剑柄敲击着敌人的大门，要求他们立即投降。也许里面的守军没搞清楚状况，竟然开门投降了！列日堡垒的大本营一失守，其他的堡垒间就失去了联系，无法再相互支援。

∧ 1914年英国杂志漫画：勇敢的小比利时人。

∧ 列日的比利时军队。

∧ 1914 年在列日准备发动攻击的德国士兵。

为了攻克列日要塞，德国人还调来了克虏伯公司制造的需要 36 匹马来拉的大炮“大贝莎”，由于太重了——有 75 吨——铁路运送时只能把它拆成 5 份分开运，以保证铁轨和路基的安全。这种口径达到 420 毫米的大炮能发射 1 吨重的炮弹，落到 15 千米远的地方，其破坏力几乎是“人挡杀人，佛挡杀佛”！在“大贝莎”的猛轰下，比利时的要塞在烟云中一个个化为碎渣渣。到 8 月 16 号，12 个要塞中的 11 个都被攻克。到傍晚的时候，最后一个要塞也宣告失守。列日指挥官杰勒德·莱曼（Gerard Leman）将军也被德军俘虏，当德军发现他时，他正闭着眼睛。“我请你们作证，”他对德国军官说，“你们发现我时，我正处于昏迷状态，请务必记录下这一点。”他是被德国的大炮给震昏过去的。在被俘虏后，他还特意写信给比利时国王艾伯特解释道：“当时我很乐意献出我自己的生命，但死神就是不要我。”当然，不管他昏迷与否，列日枢纽已经被打通。兴奋异常的德皇为此还亲了小毛奇一口。75 万大军滚滚而来，每 10 分钟就有一列德国火车通过科隆（Cologne）铁路桥开往前线。

∧ 被称为“钢铁制造的巨型鼻涕虫”的“大贝莎”是以德国克虏伯公司掌门人古斯塔夫的夫人贝莎女士命名的，一共制造了 4 门。这种大炮需要 200 人花 6 个星期才能在阵地前组装完毕，可以以一小时 7 发的速度将 1 吨重的炮弹打到 1200 米的高空。但在凡尔登战役结束后，德军就撤下了所有“大贝莎”，因为协约国军队大大增加的火炮射程使“大贝莎”的使用变得很危险。

∧ 列日市中心被毁坏的桥梁。

∧ 1914 年 8 月，德国士兵在一个房屋内准备射击。

而在法军方面，法军总司令、长得颇像圣诞老人的霞飞和德国人一样也想发起进攻——他也是“攻势邪教”的信徒，这种思想在当时的法国很流行，信这个“教”的人相信要在战场上取得胜利，就要竭尽全力、永不言退地进攻。法军《野战条例》中甚至规定：“唯有进攻战才能达到积极的战果。”其他作战条款也强调“锐意进攻、毫不犹豫”“勇猛凶狠、坚韧不拔”“无情追击、不顾疲劳”……诸如此类，总结起来就是一个词：有种！这种思想是那么的流行，以至于对此表示怀疑的人会被别人贬低、怀疑和鄙视，连当时的诺贝尔奖得主亨利·柏格森（Henri Bergson）也鼓吹：生命具有神秘的力量，只要法国能控制生命，就能击败强大的德国。“攻势邪教”的教主——也就是提出这个学说的法国中校格朗迈松（Grandmaison）甚至声称：“发动攻击只需要两个东西：一是知道敌人在哪儿，二是你要干什么。至于敌人的企图并不重要。”

现在，践行这个思想的机会来了，霞飞把百万法军排成一字长蛇阵，并把主攻方向放在了德法之间的边界线上——因为法国政府禁止法军侵入比利时这个中立国。对法国来说，夺回被德国抢走的阿尔萨斯和洛林将是一场很大的胜

〈法军统帅霞飞（1852—1931年）参加过中法战争，他在大战中被称为“法国的镇静剂”，有临危不惧的美誉，但实际上他只是生性迟钝而已。

利，而对于德军右翼进攻列日的消息，霞飞认为那只不过是敌人想吸引他主力的佯动而已，而且德军并没有攻下那些堡垒，所以不必太过担心。8 月 7 日，霞飞开始他的进攻计划，法军越过了阿尔萨斯边界进入德国。但就是在这一天，德军攻下了列日大本营。

8 月 16 日，为了响应法国开辟第二战场的号召，两支庞大的俄军开始进入东普鲁士，这个速度比德国人预料的要快得多——为了兑现 15 天进入战场的承诺，很讲义气的俄军没等后勤工作做好就出发了，因为法国人对他们进行了培训，告诉他们进攻一定要快。为了加快动员，防止酗酒误事，俄国政府连伏特加酒都禁掉了（伏特加酒的收入占俄国政府收入的 1/3）。这些仓促上场的好多士兵不但没有枪——俄国指挥官告诉没枪的士兵：可以等到拿枪的战友牺牲后捡他们的枪用……而且有的连鞋都没有，只能光着脚丫子徒步行军。很多人拿着根绑着刺刀的棍子就算是兵器了，每门大炮只能每天打 4 发炮弹，更要命的是他们的无线电通讯几乎是明码，这简直是专门给敌人提供情报……这确实很要命，但最要命的是指挥他们的司令官们几乎个个无能兼无知。俄国陆军大臣苏克霍姆利诺夫（Sukhomlinov）就坚持认为：“过去的战争是这样，现代的战争也还是这样……新花样都不过是歪门邪道骗钱用的。”最后他还洋洋得意不以为耻反以为荣地表示：“我本人 25 年来就没看过一本军事手册。”虽然俄军徒有其表，但他们还是以出乎意料的出击速度攻入了东普鲁士，德军已陷入两线作战的困境。在东线，德国部署了 20 多万人，奥匈帝国则动员了 130 万兵力，不过他们两个的兵力加起来也不是俄国人的个儿，俄国的军队有 350 万人，而且还可以继续动员。

在进攻比利时的路上，德军根据“不怕他们恨我，只要他们怕我”的原则烧杀掳掠，实行“三光政策”，因为比利时“计划外”的抵抗浪费了他们不少时间，这让一向遵守时间的德国人很是恼火。他们下令，凡对德军有对抗行动的村子，全村都要烧毁；如果对抗行动发生在两个村子之间的话，两个村都要烧毁。法国和英国方面抓住这一点，他们立即宣称：他们进行的这次反对德国的战争是拯救人类文明的战争。而德国方面则添油加醋地宣传这样做的必要性，谎称“许多可怜的伤兵都被残忍的比利时居民杀害了”。两方都极力宣传自己才是正义的一方，而为了表现对方的邪恶，大家开始互相编造“事实”，攻击对方——英国人把德国人描绘成会把婴儿烤着吃掉的魔鬼，还声称他们会把俘虏的机枪手钉死在十字架上；德国士兵则相信他们一旦沦为俘虏就会被残忍地挖掉眼睛，因为英国佬喜欢吃人的眼珠。德国方面宣称是法国人先入侵了比利时，德国小伙子去那里是要把他们赶走；英国人则宣传说变态的德国人竟然用人的尸体来提炼脂肪和制作肥皂[①]……总之，双方一有机会就添油加醋地攻击对方，并且到处宣传，比如德军占领了比利时的安特卫普（Antwerp）后，各国报纸刊登如下：

德国《科隆日报》刊登的新闻标题是：“在宣布攻占安特卫普市时，人们让（比利时的）教堂敲响了钟声。”

这则简讯由法国《晨报》转载后就变成了：“据《科隆日报》报道，在要塞被攻占时，安特卫普市的教士们被迫敲响了钟声。”

英国《泰晤士报》则称：“据《晨报》来自德国科隆的消息报道，在安特卫普市被攻占时拒绝敲钟庆祝的比利时教士都被解除了职务。”

意大利米兰《晚邮报》转载：“据英国《泰晤士报》来自巴黎的报道，引用科隆的消息说，在安特卫普被攻占时拒绝敲钟庆祝的教士不幸都被判处苦役。”

等到这则“新闻”又转回到巴黎《晨报》的时候，就变成了一条耸人听闻的“消息”：“据《晚邮报》转引自科隆和伦敦的消息证实，安特卫普市的野蛮征服者对勇敢的拒绝敲钟庆祝的教士进行了惩罚，不幸的教士们被脑袋朝下

① 其实双方都在用尸体提炼脂肪，不过不是用人的尸体，而是用死马的尸体。在德语里 Kadaver 指的是动物尸体，英语里尸体叫作 Cadaver，粗心的英国人把两者搞混了。

∧ 1914 年 8 月的安特卫普，战争爆发后，一个流离失所的女人在路边哭泣，旁边是她所有的财产——一张凳子、两个桶、一个罐子，以及一些其他器具。她身后是一座石雕像。

倒吊在大钟上，就好像钟摆……"

在德军企图通过比利时攻入法国的时候，法军的眼睛正一直盯着阿尔萨斯和洛林，就像小伙子目不转睛地盯着美女一样（法国画报上就是这样画的）。8 月 18 日，法军终于重新进入 40 多年前失去的地方，法国的三色旗重新在阿尔萨斯飘扬。在高奏着《马赛曲》的大广场上，法军特意举行了 2 个小时的盛大阅兵式来庆祝胜利。

正当法国人为收复失地一雪前耻热泪盈眶的时候，败退的德军突然回过头来反戈一击——德军的退却只是"诱敌深入"。

法军对阿尔萨斯的进攻在 13 天后被击退，因为他们用的还是 1870 年修订的野战条例，这个老皇历里规定士兵 20 秒内向前突进 50 米，依据是敌人开枪后要用 20 秒的时间来换子弹，根本没有与时俱进地考虑到机关枪已经出现了，人家换个弹链都用不了 5 秒。更让人着急的是，由于法国士兵都穿着鲜艳夺目的红裤子蓝上衣，所以无论他们是趴着还是坐着，卧着还是躺着，跑着还是拿大顶，都会被对方看得一清二楚，从而被德军像打兔子一样一打一个准儿——从 1830 年开始法国步兵就是这个打扮了，陆军大臣曾建议把军服换成像德军一样的土灰色，但遭到了许多人的强烈反对，理由是：不好看！没气质！太土鳖！

在洛林，进攻的法军也被打得大败，此地负责指挥的是德国巴伐利亚王储鲁普雷希特（Rupprecht），他还是奥匈帝国皇后茜茜公主和佛朗茨皇帝的亲侄儿，詹姆士一脉在英国王室的法定继承人。按照既定计划，他的任务本来是要诱敌深入的，但他坚持要主动出击，因为别人都在进攻，只有自己在防守退却，太没面子了。他立即打电话到德军指挥部，并要求小毛奇接听，在电话里与小毛奇争论了 3 天后，在他的强烈要求下，小毛奇让步了，于是这里的德军也攻入了法国境内。虽然法军伤亡巨大，但这次惨败反而让法国人因祸得福，因为他们被德军推出了已经设好的包围圈。

对阿尔萨斯和洛林的进攻被击败后，霞飞立即判断出那里的德军兵力是强大的；同时，德军的右翼也很强大，因为它已经攻占了比利时。那么用排除法来推断的话，位于中部的德军就应该相对薄弱。于是，他下令进攻中部的阿登高地。但他这次又失算了——14 个法国师迎头碰上的是 14 个德国师及隐蔽于丛林中的防御工事。结果法军又伤亡惨重，霞飞发起的所有进攻都被击退——仅 22 日法军就死了 2.7 万人。但这反而让法国人又一次因祸得福，因为这次局部胜利，小毛奇又将 6 个补充师投放到了左翼，希望那里的德军再接再厉再创辉煌，于是右翼的德军兵力更加虚弱。

8 月 23 日，远东的日本人也向德国宣战，远在地球另一边的日本参战就是为了趁火打劫，抢占德国在东半球的殖民地。德国驻中国青岛的总督瓦尔德克决心死守山东的胶州湾，威廉二世特意发去电报鼓舞士气。德国守军坚守了9天，仅阵亡150人，损失惨重的日军有17000名士兵丧生。最后包括总督在内的2300名德国人被俘。日军还抢占了德国在太平洋上未设防的加罗林群岛和马绍尔群岛。不过这并没有对德国造成什么严重的影响，因为日本没派一兵一卒来欧洲参战。这一天，进展顺利的德军正直奔巴黎而去，但突然间一支英国军队出现了——这是英国派到法国参战的远征军，一共7万人。不过这并没有引起德国人的特别注意，他们一向轻视英国陆军，因为它们的规模小，连老谋深算的俾斯麦也曾开玩笑说："如果英国军队入侵德国，我们的警察就能马上逮捕他们。"威廉二世则称他们是"可怜的小军队"。但是德国人又错估了英国军队的实力，就像他们低估了俄国人的动员速度一样，英国远征军的李

〈 日德青岛战役中，尽管德军构筑了临时炮台，并挖掘壕沟工事，但由于当时驻青岛的德军总兵力不足5000人，德军的防守变得极为困难。

︿ 1914年11月，日军占领德军阵地。

︿ 1914年日本在占领青岛后顺势占领了胶济铁路。

恩菲尔德步枪给了德军大量杀伤，英军训练有素的士兵可以每分钟射击 15 次，由于被撂倒的人太多，德国人还以为英国兵每人都配备了机关枪，他们是遇到了机关枪的扫射，以至于他们在这里被整整挡了一天。

但由于力量过于悬殊，而负责侧翼掩护的法国军队竟然趁着夜色的掩护连招呼都没打就开溜了，这让英军的右翼一下子就暴露了，经过一场激战后，兵力远远弱于德军的英国远征军不得不开始撤退。英国人在前面拼命地跑，德国人在后面拼命地追，就在这万分危急的时候，一个宏伟的身影出现在天空中，他举起双臂，为英军指明了胜利的方向（就是撤退的方向），这位蒙斯（Mons）天使——也可能是阿金库尔（Agincourt）[①]弓箭手——率领着一支“幽灵部队”成功地拖住了追击的德军，从而使英军逃脱了敌人的魔爪……你没有看错，这不是科幻小说，也不是神话故事，这就是当时英国士兵的回忆，有人还信誓旦旦赌咒发誓称他亲眼看到了被箭雨射死的德国兵。听起来很玄乎是吧，法国士兵就不同意英国人的说法，他们认为出来解救英国军队的根本不是什么英国的阿金库尔弓箭手，而是法国的圣女贞德。试想下，在法国的领土[②]上怎么会出现外国神仙呢？

在这次大撤退中，德军始终也没能追上英军并将其歼灭，因为英国人撒丫子跑得实在是太快了，平均每天徒步行军 40 千米，每天只休息 4 个小时，相当于每天来一个马拉松，其中一个营居然在一天半的时间里跑了 88 千米，一直跑到看见了埃菲尔铁塔才停下来——这个纪录直到 37 年后才被在朝鲜战争中追击美军一昼夜徒步行进 85 千米的中国人民志愿军打破。在一通狂奔后，英国军队甚至超过了撤退的法军。右翼战胜法军的德军继续前进，他们紧随着跑

① 英法百年战争中的一役，于 1415 年的 10 月 25 日发生在蒙斯附近，是英法百年战争中著名的以少胜多的战役。

② 蒙斯邻近法国边界，曾是法国的领地，现为比利时西南部城市。

∧ 1914 年 8 月 22 日蒙斯广场上休息的英国军队。

> 约翰·弗伦奇（1852—1925 年），1914—1915 年英国远征军司令，他太小心谨慎，既怕军队遭到损失又怕自己声誉受到损坏，对配合法军作战很不积极，甚至想把英军撤回国内。由于在伊普尔之战中损失惨重，他最终被黑格取代。

Instructions for the General Officer Commanding the Expeditionary Force proceeding to France.

Owing to the infringement of the neutrality of Belgium by Germany, and in furtherance of the Entente which exists between this country and France, His Majesty's Government has decided, at the request of the French Government, to send an Expeditionary Force to France and to entrust the command of the troops to yourself.

The special motive of the Force under your command is to support, and co-operate with, the French Army against our common enemies. The peculiar task laid upon you is to assist the French Government in preventing, or repelling, the invasion by Germany of French and Belgian territory, and eventually to restore the neutrality of Belgium, on behalf of which, as guaranteed by Treaty, Belgium has appealed to the French and to ourselves.

These are the reasons which have induced His Majesty's Government to declare war, and these reasons constitute the primary objective you have before you.

The place of your assembly, according to present arrangements, is Amiens, and during the assembly of your troops you will have every opportunity for discussing with the Commander-in-Chief of the French Army the military position in general and the special part which your Force is able, and adapted, to play. It must be recognised from the outset that the numerical strength of the British Force - and its contingent reinforcements - is strictly limited, and with this consideration kept steadily in view it will be obvious that the greatest care must be exercised towards a minimum of losses and wastage.

Therefore, while every effort must be made to coincide most sympathetically with the plans and wishes of our Ally, the gravest consideration will devolve upon you as to participation in forward movements

movements where large bodies of French troops are not engaged and where your Force may be unduly exposed to attack. Should a contingency of this sort be contemplated, I look to you to inform me fully and give me time to communicate to you any decision to which His Majesty's Government may come in the matter. In this connection I wish you distinctly to understand that your command is an entirely independent one, and that you will in no case come in any sense under the orders of any allied General.

In minor operations you should be careful that your subordinates understand that risk of serious losses should only be taken where such risk is authoritatively considered to be commensurate with the object in view.

The high courage and discipline of your troops should, and certainly will, have fair and full opportunity of display during the campaign, but officers may well be reminded that in this - their first-experience of European warfare a greater measure of caution must be employed than under former conditions of hostilities against an untrained adversary.

You will kindly keep up constant communication with the War Office, and you will be good enough to inform me as to all movements of the enemy reported to you as well as to those of the French Army.

I am sure you fully realise that you can rely with the utmost confidence on the whole-hearted and unswerving support of the Government, of myself, and of your compatriots, in carrying out the high duty which The King has entrusted to you and in maintaining the great traditions of His Majesty's Army.

Kitchener

19th August, 1914

∧ 1914 年 8 月 19 日英国国务卿基奇纳伯爵（Lord Kitchener）下达给英国远征军司令约翰·弗伦奇的指示。

路的法军，有时甚至同撤退的法国士兵并列前进，因为德军得到的命令是避免战斗尽量前进，法军得到的命令是保存实力，尽量撤回——而且疲惫不堪的双方都没认出对方。

^ 1914 年 8 月的伦敦，英国男子排队加入军队。

施里芬曾预言，在总动员 40 天后，将有一场决定性的战役。随着德军的不断深入，他们与指挥总部的联系也越来越弱。而法军虽然不断撤退，但实际情况却对他们越来越有利，因为他们离后方的防御阵地和供应点越来越近，尤其是英国远征军，由于他们撤得太快——英国远征军司令约翰·弗伦奇（John French）解释说这样做是为了离援军和补给更近一些——以至于德国人根本不知道他们跑到哪儿去了。

虽然在比利时耽误了不少时间，但德军仍然基本按照时间表在 12 天后攻克列日，20 天后夺取了布鲁塞尔，兵锋直指法国北部。但每天行进 40 千米一连跑了 3 天的德军已经疲惫不堪，以至于很多人都闭着眼睛走路，他们满身尘土，活像一群会走路的面粉袋。支撑这些士兵的是胜利的诱惑，因为巴黎已经近在咫尺——9 月 3 日，德军看到了一块树在岔路口的路标，上面写着：巴黎，35 千米。这个标志使他们几乎疯狂，因为胜利的终点站就在眼前。这些德国士兵尖叫着搂着这块路标又哭又叫，有的人干脆围着这块牌子跳起舞来。刚才还疲惫不堪的德军霎时变得精神焕发像打了鸡血一样，他们撒开腿唱着歌直奔巴黎而去。

^ 1914 年 8 月，布鲁塞尔被德军攻占后逃出该城的难民。

到 9 月 3 日的时候，来势汹汹的德军已经打到了马恩河（La Marne），15 千米外的法国首都已经变得岌岌可危。8 天之内，逃离巴黎这座“浪漫之都”的市民已经达到了 50 万人，占总人口的 1/3，人们带着一切可以带走的东西，有车的开车，有马的骑马，还有人推着手推车，没车没马的手提肩扛用腿跑。9 月 2 日，法国政府趁着夜色匆匆迁往大西洋沿岸的波尔多（Bordeaux）——第二天贴出的公告声称“这是为了推进全国的防务”。为了防止巴黎被围从而可能出现的饥荒，负责防守的加里埃尼（Gallieni）将军还特意在城里的体育场跑道上和公园里养满了猪、牛、羊、马等各类家畜。

虽然一片混乱，但法军统帅霞飞像海龟一样保持着镇静，你可以说他镇定自若也可以说他没心没肺，反正他是照旧晚上 9 点睡早上 5 点起，一点儿不受干扰，用过精美的午餐后还要小睡一会儿，没人敢打扰他，因为他知道“午间小睡精神百倍”……哦，不，因为他知道巴黎不但是德军的终点站，也是法军的终点站，他们不能再撤退了——万一德军打到巴黎来也没关系，到时干脆宣布巴黎为不设防城市，投降就完了。白须白眉、面容慈祥的他被称为“霞飞老爹”，这位总司令桌上不放文件，墙上不挂地图，别人制定计划，他做最后决定。

9月5日，德军已经可以看到埃菲尔铁塔的塔尖了，这也是这个大战期间德军距离巴黎最近的一次，仿佛他们已是胜利在握了——准确地说是“胜利在望”，但此时的德军已是强弩之末，被小毛奇削弱的右翼势单力薄，兵力少于英法联军——每24小时就有32列满载法军士兵和武器的火车驶入巴黎，法军本土作战的优势显现了出来。德军很快就会功亏一篑。

这时候缺乏自信的小毛奇已经不再相信德军能完成施里芬的计划了，他下令右翼军队在巴黎以北向东拐弯，从正面攻击巴黎，不再由西部迂回到巴黎以南。这样第1集团军和第2集团军之间就出现了一个缺口。这个破绽立即被法军的飞机侦察到了。得到这一情报的加里埃尼甚至不敢相信会有这样的好事，德军把侧翼暴露出来让他们攻击！于是加里埃尼立即向前线的霞飞通报了这一好消息，他本人还专门驾车前往英军驻防地告知友军这一好消息，希望得到他们的进攻支持。但是英国总司令约翰·弗伦奇不在，英国的参谋人员根本不鸟他，因为加里埃尼长得太丑了，夹鼻眼镜斜眼睛、邋遢制服小胡子，一点都不像个领导的样儿，反倒像个喜剧演员。“英国军官绝不会同这样一个丑角式人物谈话的。”一位英国将军总结道。

不久，弗伦奇的参谋长回来了，但他表示对攻击德军右侧翼的计划“十分讨厌”，他告诉加里埃尼，在领导不在的情况下，无论如何不能做出决定。加里埃尼只好百无聊赖地等候弗伦奇回来，一直等了3个小时也没等到。最后英国人给他的答复是：再等电话（其实他们已经决定继续撤退了）。

而霞飞那边呢？在看到情报4个小时以后霞飞才磨磨蹭蹭地下达攻击的命令——但不是攻击德军的侧翼，而是正面迎击。当第5集团军表示9月6日早

∧ 加里埃尼（1849—1916 年）是大战时期的巴黎城防司令，由于他首先发现了反击德军的良机，也被称为“马恩河战役的得胜者”。

晨可以前来助战时，霞飞只是花很长时间吃了一顿法式大餐，既没表示同意也没说不同意。

在这种情况下，法军发起了反攻。为了尽快支援前线，加里埃尼甚至动员了巴黎的 600 辆出租车组成了“马恩出租汽车队”。这些出租车队关着车灯，借着夜色的掩护，把刚下火车的援军运送到了前线。第 9 集团军司令斐迪南·福熙（Ferdinand Foch）率部杀入德军两个集团军的结合部，虽然左右受敌仍死战不退、斗志高昂，像通了电似的福熙发出电报，声称：“我的左翼在撤退，我的右翼在撤退，爽呆了，我正在进攻！”接到电报的法军官兵无不动容，士气大振。

9 月 5—10 日，法德两军在马恩河流域展开会战，决定性的时刻到了！在

∧ 斐迪南·福熙（1851—1929 年），大战最后几个月的协约国总司令，信奉“意志就是胜利”。他个头矮小，其貌不扬，一位美国专家形容：“5 米以外，没人相信他是个元帅。”

∧ 第一次马恩河战役中的德军士兵。照片中士兵们佩戴有勋章，这并不是战争中的常规做法，因此很有可能是摆拍。

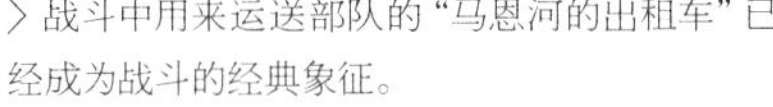

> 战斗中用来运送部队的“马恩河的出租车”已经成为战斗的经典象征。

长达 200 千米的战线上，双方投入的兵力共达 150 多万，战斗十分激烈，法军每天光炮弹就要消耗 24 万发。9 日，弗伦奇的英军在霞飞的要求下也赶来助战，来晚的原因是他们小心翼翼慢吞吞地一天只走 8 英里，但他们却阴差阳错地钻进了德国第 1 集团军和第 2 集团军之间的空隙里。他们之所以有这样的好运，全是因为德军这两个集团军的司令比洛（Bulow）和克鲁克（Kluck）之间的不和：谨慎过头的比洛不愿意看到自己的下属摘得攻占巴黎的首功，于是把兵临巴黎的克鲁克强行拽了回来，要求大家齐头并进，两军之间因此形成了 40 千米的空隙，奉命北调的英军正好误打误撞插入了这个缝隙。这吓了德国人一跳，他们以为英军要切断两军的联系包抄自己的后路，于是赶紧各自后退了 10 千米。这给法军的抵达争取到了宝贵的时间，每一分钟都有“打的”而来的法军到达前线。11 日，兵力处于劣势且惧怕英军突破自己侧翼的德军

＾1914 年 9 月第一次马恩河战役中冲锋的法国步兵。

开始撤退——如果加里埃尼的建议被全部采纳的话，德军就会有来无回，情况会更惨。最终法军伤亡 14 万人，德军伤亡近 20 万人。

直到战役结束，弗伦奇都不知道自己对德军造成了多大的威胁。后来的历史学家评论说："弗伦奇挽救了战局，但他自己却还一头雾水。"这就是所谓的"马恩河畔的奇迹"。而德军方面也是糊里糊涂不了解状况，因为小毛奇并没有亲临前线，他只是通过骑兵来了解前线战况，换句话说，他根本不了解前线的详细战况。①他得留在卢森堡总部看着德国皇帝，因为他害怕威廉二世不和他商量就乱发命令。

9 月 10 日，德军下令撤退，但他们不知道的是，夸斯特率领的军团已经接近成功了，这支部队离巴黎只有 30 英里，而这 30 英里的空旷原野根本没

① 当时的无线电发报还不普遍，德军有限的无线电通讯信号还受到埃菲尔铁塔的干扰。

有法军把守——是他们自己主动放弃了最后一个机会。

9 月 14 日，德军原定六周打垮法国的日程表已经到期，计划赶不上变化，速战速决的计划已经成为泡影，德法两军转入对垒，开始了长达 4 年的阵地战，德国陷入了东西两线同时作战的泥沼。“施里芬计划”已经宣告破产，小毛奇只得向威廉二世报告：“陛下，我们输掉了战争。”因为德国是经不起消耗战的。他立即被皇帝撤职，取代他的新任参谋长是埃里希·冯·法金汉。但后来的结果证明小毛奇这次预言是对的。

小毛奇被免职的那一天，为了消除他被免职带来的消极影响，德国各大报纸以整版的篇幅宣传了“坦能堡的胜利者”兴登堡（Paul von Hindenburg），掀起了一阵“兴登堡旋风”，因为在距西线上千里外的东线，兵力处于劣势的德军在东普鲁士击败了庞大的俄军（1:2.5），从西线调来的新司令兴登堡和新参谋长鲁登道夫这两位老将利用德国高效的铁路系统将缺乏配合的两路俄军各个击破。

兴登堡和鲁登道夫这两位将军那真是珠联璧合相得益彰的黄金搭档，他们一冷一热，一个淡定如山，一个性急如火。当鲁登道夫焦急地向兴登堡汇报东线的情况时，兴登堡说：“我也没更好的主意，我看就这么办吧。”然后就睡觉去了。之后每当有人征询他的意见时，他总是问鲁登道夫：“你说呢？”后来大家干脆都叫他“你说呢元帅”。而初到东线的鲁登道夫也对情况不是很了解，他就根据第 8 集团军参谋长霍夫曼（Hoffmann）早已制定好的计划下命令。俄国问题专家霍夫曼对两路俄军的情况了如指掌，因为德军在一个被杀死的俄军军官身上发现了两路俄国集团军的行动计划。而且他知道俄军的两位指挥官萨姆索诺夫（Samsonov）和瑞坎普南（Rennenkampf）素来不合，在日俄战争期间，被日军围困的萨姆索诺夫向瑞坎普南求援，但近在咫尺的瑞坎普南就是不理睬他，于是气急败坏的萨姆索诺夫在沈阳站台上和瑞坎普南大打出手，这正好被霍夫曼看在眼里，记在心里。

^ 一战中被称为“护国之神”的兴登堡（1847—1934 年），68 岁的他是在退役后再复役上场的，一战后他担任了两届魏玛共和国的总统，但他在去世前选择了希特勒做接班人。

^ 埃里希·鲁登道夫（1865—1937 年），在后来的回忆录中他声称是国内卖国贼的“背后一刀”才导致了德国的战败，1923 年他还参与了纳粹党发动的“啤酒馆暴动”。

8 月 27 日，冒进的萨姆索诺夫率领的一路俄军在坦能堡（Tannenberg）被德军包围击溃。这些俄国士兵已经疲惫不堪，他们每天要在泥地里强行军 12 个小时，而且供给缺乏。而没有配合友军的瑞坎普南率领的另一路俄军则在马祖尔湖（Masurian Lake）以南被消灭。没脸回家的俄军司令萨姆索诺夫抱着不成功就成仁的精神开枪自杀，瑞坎普南则抱着只要青山在不怕没柴烧的精神迅速地逃回了后方。到 9 月 1 日的时候，已经有 9.2 万名俄国人成了俘虏。德军击溃了在波兰的俄军，他们追呀追，一直追到了罗兹（Lodz），直到寒

︿ “黄金搭档”兴登堡和鲁登道夫。

冷的冬天来临他们才停下来，因为实在太冷了，他们只有一半的人有棉衣，而这些棉衣又薄得像纸一样，根本不暖和。不过他们已经俘虏了 16 万俄国人，总共用了 60 列火车才把这些俘虏运到后方。为了支援东线，小毛奇特意从西线调来了 2 个军的援兵，但他们到的时候东线已经胜利了，这些援兵白跑了一趟，而且他们还错过了西线关键的马恩河战役，这次大战正是因为德军兵力不足才被击败的。也可以说，俄国歪打正着的进攻帮助法军赢了马恩河战役。

不过在东线的大胜已经让兴登堡大出风头，他也被晋升为元帅，首都柏林

∧ 1914 年 8 月 30 日在坦能堡战役中被德国人击败的俄国士兵。

还建起了兴登堡纪念碑，有了以兴登堡命名的大街、兴登堡广场、兴登堡牌啤酒、兴登堡牌香肠……许多大学还授予他名誉博士，他已经成了大众情人、国家偶像。这让霍夫曼很不忿，因为作战计划都是他制定的，在他眼里兴登堡这个睡神只是瞎猫碰上了死耗子。后来当有人特意来前线参观的时候，霍夫曼指着战场上的各个地方特意介绍说："这儿是战斗前元帅睡觉的地方。""这儿是战斗中元帅睡觉的地方。""这儿是战斗后元帅睡觉的地方。"

不过俄国人也许不必特别伤心，虽然他们在北方败给了德国人，但在南边，俄国又把场子找回来了，他们击败了德国的盟友奥匈帝国。在加利西亚（Galicia），200 万俄军以泰山压顶之势把奥匈帝国的军队打退到了喀尔巴阡山（Carpathians），歼灭掉了其总兵力的 1/4。奥匈军队简直是兵败如山倒，后来只要有人喊"哥萨克人来了"，他们就会吓得扭头狂奔。不过俄国人还是没有全歼奥军，因为他们追击的速度实在是赶不上敌人逃跑的速度，俄军花了 3 天才推进了 18 英里，而奥军一天就溃退了 18 英里。这不是俄军太强大，而是奥军太无能，只能说没有最差，只有更差。奥军落后的装备和战术足以和俄军相媲美，2/3 的奥军还在使用没弹仓的单发式步枪，穿着中世纪式的花哨服装、头上还插着漂亮羽毛的匈牙利骑兵简直是给敌人机枪准备的好靶子。更要命的是，有 75% 的士兵听不懂他们的日耳曼长官在说什么，因为奥匈帝国的军队由十几个民族组成，语言根本不通——他们的国歌《上帝保佑吾皇弗朗茨》就有 15 个语言的版本。而在制定作战计划时，好大喜功的康拉德不但没有集中优势兵力去对付北方的主敌俄国，反而分兵 1/3（46 万人）去打南面的塞尔维亚，结果当兵力不足的军队被俄国人赶回来时他又赶忙从塞尔维亚调兵支援，于是刚刚占领的贝尔格莱德又被塞尔维亚军收复——在奥匈帝国攻入塞尔维亚首都贝尔格莱德时，在这祖国万分危急的时刻，塞尔维亚国王彼得（Peter）拿着步枪向士兵们宣布解除他们必须为祖国和国王而战的誓言，他将一个人手拿步枪去战斗，风萧萧兮易水寒，壮士一去兮不复还……士兵们被国王精湛的演技……我是说被国王大无畏的精神感动了，大家更加团结一致且斗志高昂。20万塞尔维亚军队在拉多米·普特尼克将军的率领下——就是那个去奥地利度假被抓住又被奥匈帝国皇帝客客气气放回去的将军——包围了战线过长的奥匈军队，将这些在冬天里穿着夏装的士兵们赶回了奥地利。

指挥南线奥军的是波斯尼亚的总督波蒂奥雷克，自从斐迪南大公被暗杀后，

> 奥匈帝国的参谋长康拉德（1852—1925年），他善于制定庞大完美的作战计划，但却经常忽略奥匈帝国糟糕的现实——比如国内火车时速不到10千米，只比士兵徒步行军快一点……英国史学家李德·哈特形容他打仗就像"玩杂耍"，一下扔好几个瓶子，而且经常玩砸。人送外号"奥军终结者"。

< 塞尔维亚国王彼得一世。

他就一直担心自己也遭到暗杀，所以他拒绝到前线指挥作战，而是在后方遥控指挥，这就更加剧了奥军的混乱。12 月 15 日，塞军收复了首都贝尔格莱德，奥匈军队只占领了这里 13 天。此时塞尔维亚已有 11.4 万人伤亡，9000 余人被俘；但奥匈帝国损失更大，他们伤亡了 14.8 万人，被俘 7.6 万人，不过他们成功地把斑疹伤寒传染给了塞尔维亚人，到 1916 年的时候，塞尔维亚染病而死的士兵达到了 7 万人，超过战死者的 1/2。

到大战第一年结束的时候，在对俄国的战线上，奥军已经损失了 35 万人，另有 10 万人被围困在了位于俄军战线后方的普热梅希尔（Przemyśl）要塞。大战刚刚开始，奥匈帝国的精锐部队就消耗完了，而大战还要持续 4 年，德军不得不新组建了第 9 集团军来救援这个盟友。奥匈帝国已经变成了一具“靠在德国腿上的僵尸”（这是德国人说的）——这位猪队友把德国拖入了大战，而现在，要抗击俄国人完全只有靠德国人了。

虽然德国从马恩河撤军了，但法英联军并没有追击，因为他们也损失很大。但和德国人的悲观情绪形成鲜明对比的是，他们都很乐观，英国远征军司令弗伦奇甚至预言英军可以在 6 个星期之后打到柏林。

由于无法从正面突破对手的防线，双方开始试图包围对手的侧翼，为了赶在敌人建立防线之前迂回到对方北部的侧翼，双方又开展了一场“奔向大海”的赛跑，比赛结果是双方并列第一。比利时西部的空白战线都被填补满了，战壕一直延伸到了大海边——从瑞士边界一直延伸到英吉利海峡，这些由战壕、铁丝网、大炮和机枪组成的阵地将几乎不可突破，因为双方谁也推不动谁，而且大家都不愿意后退——在接下来的 3 年里，双方阵地的进退都不超过 10 英里——于是堑壕战开始了。

10 月 16 日，德军攻占了比利时的安特卫普港，这使得英国人大为惊恐，因为这里离英国太近了，德军可以利用这个港口威胁到英吉利海峡。17 日，德军把残余的比利时军队赶到了佛兰德斯（Flanders）低地，这片洼地没法挖

^ 1914 年 10 月，在所谓的“奔向大海”的行动中，英国军队（第 19 旅第 1 喀麦隆团）与法国军队相遇。

∧ 堑壕内作战的士兵。

战壕，因为一挖就出水，比利时国王艾伯特于是下令开闸泄水以水代兵淹没德军。由于得胜而处于兴奋状态的德军根本没意识到是怎么回事，他们还以为是下雨的结果，因为水才刚刚到脚踝。但很快他们就意识到不对劲了，因为很快水就漫到了胸脯。大水将德军和比利时军队隔离了开来。但在伊普尔（Ypres），由于没有被大水隔开——因为这里没有大堤——英法联军和德军依然在激战，一支来自巴伐利亚的德军在攻打附近山脊上的韦茨哈特村（Wytschaete）时遭到了惨败，受重伤的上尉赫夫曼躺在两军阵地之间动弹不得。说时迟、那时快，一名德军士兵勇敢地冲出战壕，冒着枪林弹雨把赫夫曼救了回来，这位士兵奇迹般的毫发无损，但被救出来的赫夫曼回来后就死了。不过那位营救上司的士兵还是被授予了一枚铁十字二级勋章用以表彰他的勇敢。这个士兵后来宣称他之所以枪炮不侵平安无事是因为天意，是命运在暗示他不是凡人——他的

^ 安特卫普周围的比利时炮兵阵地。

名字叫阿道夫·希特勒。

10 月 31 日，德军突破了英军在赫吕费尔德(Gheluvelt)附近的一段防线，但他们不敢相信这是真的，因为之前的战斗太惨烈了，他们的损失太惨重了，这样的胜利来得太突然了，于是他们决定停止进攻等待命令。就在他们犹豫不决的时候，一小群衣衫褴褛的英军突然现身，这把德国人吓坏了，他们以为落入了英军大部队的陷阱，于是 1200 名士兵四散而逃。但实际上英兵只有 200

^ 一战中，希特勒（1889—1945 年）大多数时间都在后方担任传信员，因为相对安全，所以又被前线的士兵称为“后方猪”。

来人而已。德国人不知道的是，对面的英国军队已经快崩溃了，他们本来就不多的兵力已经损失大半，弹药也几乎消耗殆尽。在这天晚上，法金汉下令停止进攻，德国人又失去了一次机会，因为敌人的万国援兵正在源源不断地到来，

包括加拿大部队、澳大利亚士兵、印度军团、廓尔喀人，还有来自法国非洲殖民地的黑人。

在伊普尔，双方仍在激烈、反复地争夺，他们争夺的是一些石头和砖块——

^ 一战中的加拿大军队，他们正在看守德国战俘，并使用担架和简易铁路运送伤员。

^ 正在冲锋的澳大利亚士兵，他们即将撤离安扎克。

因为大炮已经把整座整座的村子轰没了，双方射出的炮弹简直像下雨一样。大家的想法都一样，那就是先用大炮将对方轰跑，然后步兵推进占领敌人的阵地。随着形势的发展，德军开始缓慢地推进，法英两军多次反击都未能突破德军的突出阵地，于是一些军官建议撤退，但福煦坚决反对，因为他曾说过：只要不承认失败，就不是失败。

11 月 11 日，德军的进攻达到了高潮，威廉二世的儿子埃特尔·弗里德里希（Eitel Fredrich）亲率大军赶走了英国人，但在赫吕费尔德的一幕又出现了，他们把一大群衣衫褴褛的英国兵当成了敌人大规模援军的先头部队——其实那些只是拿起武器的英国参谋、伙夫和司机——于是赶紧撤退，又一次放弃了突破敌人战线的好机会。他们想把协约国军队完全赶出比利时的计划落空了。

11 月 20 日，战斗终于暂停了，那是因为下起了雨，雨又变成了雪，雪又冻硬了地面，忍受着寒冷和饥饿的士兵终于可以暂时休息一下了。但双方都宣布自己是胜利者。英国伤亡了 5 万人，占远征军的一半，法军损失也超过 5 万；德国的伤亡则等于英军和法军伤亡的总和。

除了在欧洲战场上大打出手外，双方还在争夺奥斯曼土耳其这个盟友。奥斯曼土耳其这个地跨亚非欧三洲的大帝国自从 17 世纪就开始衰落，从那时起，每当一个新的最高统治者——苏丹继位后，就会立即杀光自己所有的兄弟，不管是同父同母的还是同父异母的，不管是成年的还是未成年的，统统杀掉，一个不留，这样做是为了防止他们觊觎自己的皇位。而对于自己的儿子，新苏丹也同样残忍，因为亲生儿子也会惦记着提前接班，所以这些皇子一生下来就被关到一个没有窗户的屋子里，直到死去或者被新苏丹杀掉，其中只有一个在老苏丹死后才能继承王位。这个王子因为长期被关在“囚笼”里，所以继位后什么也不会——除了吃喝拉撒睡，奥斯曼帝国就是被这些无知又无能的人统治着。这些苏丹要么是半白痴（被关得太久，精神都不正常了），要么癫狂得像神经病（憋的时间太长，变态了），统治这个帝国的是这样一些不正常的人，所以衰落就变得很正常了。西方列强因此把它看作“西亚病夫”，开始你争我夺，割占它的地盘。

大家都趁这个“西亚病夫”病情沉重的时候瓜分过他的大片领土，只有德国没有（其实是没赶上），所以当德国为了经济利益提出修建一条从柏林通往巴格达的铁路时，土耳其同意了，甚至还邀请德国为其训练陆军。但土耳其也和英国保持着较好的关系，因为英国不允许俄国把“西亚病夫”吃光，而俄国觊觎土耳其的首都君士坦丁堡不是一天两天了。在大战开始前，土耳其向英国订购了两艘“无畏”级战舰，共花了 1100 万英镑，但就在奥匈帝国向塞尔维亚宣战的那一天，英国海军大臣宣布征用还没有交付的这两艘最先进的土耳其

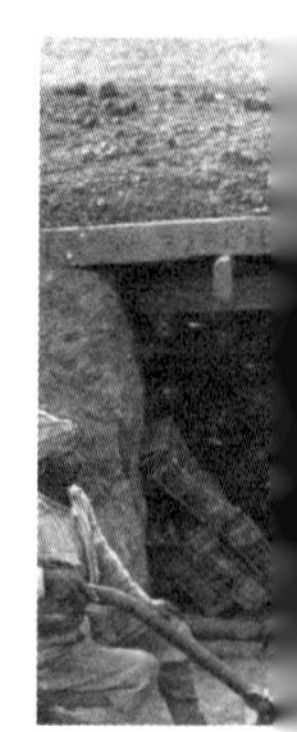

战舰，而且根本不提赔偿问题。这一下就得罪了全体土耳其人民，一时间反英的口号甚嚣尘上，因为买战舰的钱是土耳其政府向全体土耳其人募捐来的，连小学生都捐了钱。于是土耳其政府一怒之下向德国提出了结盟的建议，但德国的要求太高——要求土耳其向所有战场投入兵力。于是土耳其又私下里询问世仇俄国是否愿意和自己结盟。自信的俄国断然拒绝了土耳其的建议，俄国人认为协约国的兵力足以战胜德国，根本不需要土耳其这样的小角色。更重要的一点是，如果俄国和土耳其成了盟友，俄国就不能夺取君士坦丁堡了，为了这个地方俄国和土耳其已经打了 10 次仗——俄国人甚至已经把这个要地的新名字都想好了，就叫“沙皇格勒”。为此俄国人根本没有把土耳其的结盟建议告诉英法两国。

就在这个时候，德国偷偷溜进地中海的两艘军舰——“戈本”号（Goeben）和“布勒斯劳”号（Breslau）炮轰了法国在阿尔及利亚的港口，于是英法两国的军舰开始追击这两艘战舰，一直将其追到了达达尼尔海峡（Dardanelles）。在土耳其的德国顾问要求土耳其允许德国战舰进入海峡，英国和法国的外交官则连哄带吓地要求土耳其拒绝。最后土耳其同意了德国人的要求，德国人则立即宣布将这两艘开进海峡的最新、最好的战舰作为礼物送给土耳其，作为土方损失两艘战舰的补偿。舰上的德国水兵也摇身一变，换上了土耳其海军的军装，成为志愿军开始为土军服役。这让土耳其人高兴异常。但这并没有打动土耳其，对于和谁结盟，他们仍没有拿定主意。在意识到土耳其的犹豫不决后，德国人决定：既然拉你你不下水，那就干脆一脚把你踹下水去！

〉一战中的土耳其军队。

德国海报中供识别的协约国各兵种制服

龙骑兵　步兵　骑马猎兵　炮兵　胸甲骑兵

徒步部队　步兵军官　军官　士兵（苏格兰高地人部队）　骑兵　穿大衣的校级军官

阿尔卑斯猎兵　骑兵军官　徒步部队军官　朱阿大兵　土耳其兵

印度辅助部队　野战炮兵　徒步猎兵士官　骑马猎兵士官　步兵

10月28日，为了让土耳其死心，两艘德国军舰干脆挂着土耳其的旗帜驶进了黑海，炮轰了俄国的港口敖德萨（Odessa）和塞瓦斯托波尔（Sevastopol）。这下把土耳其吓得不轻，他赶忙向俄国解释说这不是自己干的。俄国回复说：要想证明自己的清白，土耳其就必须把所有的德国人都驱逐出去。这就意味着要向德国宣战，土耳其根本做不到。于是几天后，11月30日，俄国向土耳其宣战，土耳其已经没得选择了……

奥斯曼土耳其的参战让交战双方都很高兴，同盟国方面高兴是因为他们又多了个新队友，协约国方面高兴是因为对方多了个猪队友——土耳其一向很弱，大家以前一直都在欺负他，击败他会很容易。

1914年12月26日，一年一度的圣诞节早晨，寒风在寂静的树林中飕飕作响。在伊普尔英军阵地的对面，德国士兵唱起了圣诞歌，他们一定想到了以往在家里过节时的温馨场面，还摆出了圣诞树，点燃了蜡烛。看着被蜡烛映红的战壕，英国人也开始跟着唱起了歌，好像要进行一次拉歌比赛似的。唱着唱着，德国士兵开始小心翼翼地放下武器，慢慢地来到阵地中间。英国士兵也这样做了，他们也一步一步小心翼翼地挪到了阵地中间的无人区。这些昨天还在拼命厮杀的士兵们交换了一些香烟和食物并唱起了歌——最后唱的歌是《友谊地久天长》。有的人甚至还走进了对方的阵地，在对方的纪念册上签名留念……午夜12点的时候，德军的阵地里还发射了几颗照明弹充当烟花，在闪亮的星空下，双方士兵一起欢呼雀跃。之后他们还进行了一场足球友谊比赛，结果是英军以3:2得胜。双方的将军们听说了这场战时友谊足球联赛后勃然大怒，他们立即下令不许再发生此类事情（德方将军应该更生气，因为足球比赛他们竟然输了），于是在此后近4年的大屠杀中，这种温馨的场面再也没有出现过。

第五章
新兵培训守则

★ ★ ★

“自己活也让别人活。”[①]

① 这是平静的前线敌对双方士兵达成的默契，互不开枪打对方。有时双方甚至会互相通风报信：“傍晚我们要开炮了，你们最好躲一下，我吹个口哨就是警告。”

嗨！战友你好，现在你是一名西线的士兵了——一般情况下你会是名步兵……什么？你认为西线的阵地战就是躲在战壕里向对方开开枪放放炮？NO！如果你不想很快就挂掉的话就跟我来，下面的内容会将你培训成一名合格的士兵——起码也能保住你的小命。

首先，你要有作为一个新兵的自我认识和基本素养。作为步兵的你要背负 70 多磅的装备（相当于 30 多千克），一支步枪就有 4.5 千克重。有枪就得有子弹，150 发子弹是必需的，另外你还得带着水壶（喝水用的）、毯子（睡觉用的）、铁锹（挖战壕用的）、便携式煤油炉（做饭用的）和放着杯子、餐具、袜子、牙膏、绷带、火柴、刮胡刀等乱七八糟的生活必需品的背包——哪一样都不能少，大家都管这种背包叫“狗”或者是“破烂”（可见大家有多讨厌它）。除了这些必需品外，你还可以在里面剩余的地方（如果你还有剩余的地方的话）装上内衣（这是比较讲究卫生的士兵）、家乡的纪念物（这是感情丰富乡愁较浓的士兵）、前线的纪念品（这是喜欢收藏的士兵）或者是几本书（这是知识分子出身的士兵）。

哦，对了，差点忘了告诉你，新发下来的皮靴会很紧很硌脚，如果你不希望脚丫子起水疱的话，最好在穿之前用“红茶”浸泡软化一下。最后切记：多喝水！记住一定要多喝水！重要的水喝三遍。

另外，如果你不想挨枪子儿的话，最好准备一部《圣经》……我不是让你把《圣经》绑在身上当防弹衣，那不管用，我是说《圣经》和祈祷可以保佑你平安！不要笑，你是在笑我很迷信吗？没办法，当时大家都这么想，一个带了《圣经》的士兵后来现身说法地回忆道：“子弹遇到我就向旁边闪开。”可见这是管用的。一个在军队里流传很广的信念就是：你的命运是上帝早就安排好了的，如果上帝没把你的名字编排在某一颗子弹上，你就不用怕，只管放心大胆地迎着机关枪往前冲就行了，没事儿！什么？你说你完全不信，封建迷信不能忽悠你……好吧，这既然不能给你安慰，那么贴心的上级部门发给你的以下这则通知可能会对你起到意想不到的作用，它会用严密的逻辑和细致的分析安慰你，叫你完全不用担心和害怕：

不用担心

如果你是一名士兵，你可能身处以下两种情况：

在一个危险的地方或一个安全的地方。

如果你处于一个安全的地方……那你就不用担心。

如果你处于一个危险的地方，你可能会遭遇两种情况：

受了伤，或者没受伤。

如果你没受伤……那你就不用担心。

如果你受了伤，可能伤势很重，也可能伤势很轻：

如果伤势很轻……那你也不用担心。

如果伤势很重，也会出现两种情况：

你会死去或康复。

如果你康复了……那你也不用担心。

如果你死了……你更不可能会担心了。

综合以上种种情况，你根本不用担心。

怎么样？看完这个你是不是放心了……

在前线待上两三个月后，你会有个新的外号“长毛”……哦，NO！你参加的不是太平军。你试过两三个月不换衣服不洗澡、不刮胡子不理发吗？你试过在半穴居且布满泥浆的地下坑道里生活近 4 年吗？你能想象自己满身污垢蓬头垢面胡子拉碴的样子吗？经历过这些之后，你会有一种穿越的感觉，觉得自己像咱们的老祖宗原始人一样。

接下来我要教你怎么防御。首先，你要在战壕前的木桩上缠上有刺的铁丝网，作为第一道防线——当然，要想缠上铁丝网你得先打木桩。缠铁丝网的时候你必须小心，因为铁丝上的铁刺会经常刺伤你的手指，这玩意儿本来是美国人发明的，用于西部养牛的围栏。缠完铁丝网后你就可以挖战壕了，挖战壕的时候要注意，如果你不想挖出口井来的话，最好拣地势高的地方来挖，一般 2 米多高即可——如果讲究点的话自然是挖得越深越好——最后堆上沙袋和木箱子就算是掩体工事了。为了在敌人攻进来时延缓他们的推进，你还需要在战壕坑道里设置“路卡”，比如说，用木棍之类的横插在战壕的内壁上。而为了防止敌人从侧面袭击，战壕最好挖成锯齿形的。

一般来说，战壕分平行的三道，第一道是岗哨线，第二道是主力线，第

∧ 在战壕内使用潜望镜的法国人。摄于 1915 年。

∧ 1916 年 7 月的索姆河战役中的一个英军岗哨。

> 覆盖在战壕上面的铁丝网。19 世纪末 20 世纪初，机械化大批量生产的铁丝网开始被广泛地运用在战场上。

三道是后备线。在这些平行的战壕之间又有纵横交错或弯弯曲曲的壕沟相连，就像一个大迷宫一样，方便前后方之间的联系，最重要的是——能够保证你在顶不住的时候顺利地使用三十六计中的最后一计，迅速地摆脱敌人的追击。

具体来说，战壕也是分三六九等的，也分豪华型、经济适用型和小户型。

在有些“超豪华”的战壕里还配备有暖气，但是这跟你没关系，因为那是给领导预备的。稍微好一点的是在预备阵地的“豪华”地下掩体里，那里面密密麻麻地排列叠放着很多木床架，上面铺着稻草，这里既是你们的集体客厅，也是你们的集体卧室，还是你们的集体食堂。你想象一下难民收容所就知道这是什么样儿了。不过这种条件算是好的了，除了空气不好有点潮湿外——因为在地下近 10 米——好歹也像个住的地方。而一般的战壕则是露天的，它的特点是又脏又乱又臭又挤，因为里面经常堆着发胀的尸体、死耗子和乱倒的剩饭剩菜，有些不自觉的战友还会随处大小便，虽然厕所就在战壕的一端——一般是一个一米多深的大坑，上面架上木板，其实就是一个大粪坑。后来大家编了首歌谣来调侃这种公用厕所，歌名就叫《我们的茅厕》：

其实，你只要用过我们的茅厕，
前线的茅厕，你就会知道那是什么！
你要是想到树林的尽头去，
首先得跨过一片粪便成河的区域，
那地方脏水四溢，走路要小心翼翼，
即便如此，你也和我一样要被溅上脏东西。

冬季里，你刚脱下裤子，
寒风就吹跑了你的手纸，
你也被风吹得摇摇晃晃，
结果就像长毛兵一样，

撒尿撒到了裤子里。

要是你喝多了脏水，

你就得跟我们一样拉肚子！

踏板就会被你弄脏——踏板是另架的——

如果你那里的壕沟大得离谱的话。

你需要注意的是上厕所也是一件十分危险的事——不是指你会掉进粪坑淹死，而是每天清晨敌军都会朝你们的厕所扔几颗手榴弹，或是打上几炮，因为他们知道这个时候厕所的客人是最多的。如果你幸运没被炸死的话那就想一想被溅一身大便的滋味——也够恶心的，会搞得你一整天吃饭都不香。

不要抱怨了，条件更差的时候挖一个洞就算是战壕了，这个洞只能让你勉强蜷在里面——最多外面再挡一块木板，美其名曰“狗窝”。你觉得这条件够差了吧？NO，还有更差的！那就是两三个人像挤火车一样都挤在一个这样的洞穴里，这个叫作“节假日低价旅行列车”。这样的战壕就像阴冷潮湿的墓穴一样，如果老天爷再下场小雨的话，那就爽呆了。如果你因此瑟瑟发抖的话，长官会温馨地提示你：不要把腿伸出洞外，因为外面在下雨；也不要抬头向上望，因为上面在渗水；胳膊不要乱动，否则冰冷的水就会像小偷一样钻进你的毯子，但是也不能像乌龟那样一动不动——为了防止睡着你还是要不时挪动挪动，以免你被冻僵后直接冻死。

条件很恶劣对吧？但更恶劣的是下大雨的时候。只要一下大雨，战壕就变成了雨水、泥水和尿水淤积的污水坑，你也会变成个泥人。想想吧，黏糊糊冷冰冰的泥浆灌进你的脖子里，钻进你的裤腿里，黏在你的裤裆里，你就像被扔进了搅拌机，你必须像猪一样在泥沼的汪洋里打着寒战步履蹒跚地挣扎。涌入战壕里的泥浆会把你的步枪变成一根像刚搅完黄油的棍子，你要用它来消灭敌人，想都别想。当然也不能说这样的步枪一点儿用都没有，起码它会给你一点

^ 兰开夏郡燧发枪团的一个士兵在一个灌满污水的壕沟里摆拍。

^ 法国战场上在灌满泥浆的战壕里的美军士兵。

安全感——总比手里什么也没有强。那怎么办呢？我可以告诉你个小窍门：在枪上面撒尿——这样可以把它冲洗干净（我告诉过你要多喝水的）。

如果你闷了的话，可以从枪眼里看看贴在地面上的风景，一片被弹坑雷坑和断木头覆盖的荒芜焦土，上面还有烧焦的植被，一丁点儿绿色都没有。你可以享受到免费登月旅行的待遇，因为坑坑洼洼的地面和月球荒凉的表面差不多。双方阵地之间是布满了弹坑、残骸、死尸的无人区——或者叫死亡区——一般有800多米的距离。

什么？你觉得我说的不够形象，好吧，那我就用文艺青年的手法来向你描述一下景象的可怕：

到处都是尸体、尸块、血水，以及爆炸留下的绿色软泥。地面呈现出月球表面的形状，布满密密麻麻的炮弹坑。你们的人就在离敌军仅几码的地方活下来或者死去。你们蹲在沙袋下面，在壕沟周围挖洞。成群的虱子爬到你们的身上。如果再挖深一点，铁铲就会碰到一些尸体，而这些死者曾经是你们的战友。在敌军发动炮火的瞬间，眼前就会布满碎尸——穿着靴子的脚、发黑的手和没有眼睛的脑袋……

最令人抓狂的就是晚上的哨所站岗了，你必须保持绝对的警惕，不能来回走动，因为你就在离敌人最近的地方——也就十几米开外，随便动一动就会被敌人发觉。想象一下，在绝对寂静的黑夜里，没有一点亮光，一切都显得那么诡异，草被风吹得呼呼作响，很像敌人的脚步声。树林里一片令人恐怖的死寂，动物最轻微的走动和月光下树枝的晃动都像敌人逼近的身影，突然看到个树桩也能吓你个半死，因为它在黑暗里就像个蹲着的人影。你的神经一定要绷得紧紧的，不能有丝毫的松懈，不能发出一点声音，因为敌人随时可能像魔鬼一样在黑夜里悄悄地摸过来——他们的钢盔上抹着污泥以防止反射月光，变态的敌人甚至会伪装成一棵树或一团烂泥向你靠近。不过你不用特别紧张，通常“好心”的敌人在靠近你之后会弄出一点声响来，免得让你惊慌失措吓出个好歹来……

有没有一点小感动？

在这样紧张的情况下，你最好不要违反纪律，因为那没有好果子吃，轻一点的你会受到鞭挞，或者更变态一点，比如说罚你用牙刷把长官房间的地板刷干净，够变态吧？你觉得这没什么吗？那把你手脚分开像雄鹰展翅般绑在大车轮上怎么样？每天绑你 2 小时，一共持续 2 个月，而且是处于敌人射击范围内的话呢？

另外，我要告诉你有些事千万不能做，因为这些事做了就等于作死，比如说，在夜里绝对不可以用火柴点 3 支烟，因为据说这样做很危险，你点第一支烟的时候，亮光会引起对方狙击手的注意；点第二支烟的时候，狙击手就会瞄准你；点第三支烟的时候……嘭！恭喜你，你被爆头了！

同样的道理，你在晚上上厕所的时候也不能吸烟，虽然很多人喜欢大便的时候抽一支烟，因为俗话说得好，“厕所一支烟，空气变新鲜”，烟味至少可以掩盖粪坑的恶臭，还提神醒脑，但烟头的亮光同样会引来狙击手的子弹……嘭！你又被爆头了！

如果你不想被爆头的话，最好不要摘下你的钢盔，虽然又重又紧。这是新发明的玩意儿——一个伙夫在炮弹打过来的时候把铁锅扣到了头上，结果战壕里的其他人都被弹片炸死了，只有他没事儿。

另外，你可能会得战壕足病——也就是脚气，因为你的脚丫在冬天来临后会经常处于寒冷和潮湿之中，你的袜子总会潮乎乎的。这种病会导致坏疽，肿胀得连袜子都穿不上，或者是穿上了连靴子都脱不下来，严重的话还会导致神经受损肌肉坏死而被截肢。不用害怕，我告诉你个偏方——防止这种病的有效手段就是用鲸鱼油擦脚，如果你有鲸鱼油的话。

感到无聊的时候怎么办？虽然不可以大声聊天，但你还是可以活动活动嘴——你可以嚼块口香糖解解闷。但你一定要注意不要上瘾似的长时间嚼啊嚼的，因为咀嚼口香糖时间太长会导致牙齿脱落，让你得上“战壕嘴”病。

到了夏天会好一点吗？这个问题你问得好，到了夏天你的脚丫子就不会得什么战壕足病了……不过不要高兴得太早，夏天炎热的天气会导致虱子横行，并且你还拿它没有办法！曾经有一个士兵身上养了一万多只虱子，令人惊奇的是他竟然没有被虱子吃光。

至于吃的嘛，你的伙食经常会是一周前做的面包——硬邦邦的嚼起来还会咯吱咯吱直响，可以用来磨牙。菜永远是凉的——炖得烂乎乎黏糊糊的一堆灰色的根本看不出来是什么的东西，有肉吃的话也是罐头，更次一点的是过期的罐头，或者是能咸死人的腌鱼。一到夏天到处都是扎堆儿的苍蝇，连毒气都赶不走它们，因为毒气密度大于空气，都靠近地面。在用餐的时候你一定要记住不断地晃动你的勺子，赶走落在上面的苍蝇，然后用最快的速度把食物吞下去，不然成群的苍蝇会来抢你的食物——它们会像磁铁一样追着你的勺子。有这么多苍蝇是因为到处都是腐烂的尸体，有战友的，有敌人的，还有马的——想象一下你在腐烂的尸体旁吃饭的景象吧，混合着腐臭腥臭骚臭味，苍蝇不时从尸体的嘴巴里飞出来……祝你好胃口。

你喝的水是特供的，我说的特供的意思是里面有“加料”，水里加了石灰氯化物。别害怕，这是为你们好——为了给水杀菌消毒——而且也不是太难喝，就和游泳池里的水一个味儿……你不要觉得这很恶心，因为还有更恶心的，那就是——没水喝。你有过渴得喉咙直冒烟就像在嗓子眼儿里撒了把土的经历么？此时你不得不自己去找水喝，而这是要冒着生命危险的，因为时常要冒着敌军机枪的扫射。你冒着生命危险就能找到水吗？不，有时根本找不到，如果你运气好的话会找到一些小水塘，但里面通常会漂浮着绿色的尸体，你喝不喝？要么渴死，要么在泡着尸体的水塘里舀水喝……你不要觉得这很恶心，因为还有更更恶心的事，实在渴得受不了又找不到水的时候你只有喝自己的尿（我告诉你要多喝水的）——据说喝过尿嘴里会有火辣辣的感觉，所以为了口感好一点，大家都会在尿里加一点点糖。唯一的安慰是，每天都有很少量的酒。如果你是法国兵的话，你可以喝到红酒；如果你是德国兵的话，你可以喝到白兰地；如果你是英国兵的话，你可以喝到朗姆酒；如果你是俄国兵的话，你可以喝到伏特加……因为喝酒可以麻痹你的神经，让你不那么害怕大炮和子弹。但是……又是但是，只有得到上级的批准后你才能喝酒，每天都会有人检查一次你的酒瓶，看看你是否偷喝过。后来连酒都供应不足了，而且酒也不纯了——可恶的厨子往里面掺了水。

在讲了这么多让人倒胃口的事之后，下面我们来上一堂轻松的课——怎样娱乐！对，你没有听错，你还可以有娱乐项目，不过是自娱自乐。

我知道你对虱子恨得牙痒痒，所以第一个游戏就跟前面说的虱子有关，叫“油煎虱子”。

首先，你要准备一个鞋油罐的盖子，再把虱子用一根金属丝勾住放在蜡烛上烤，当烤得滚烫以后你就可以把抓到的虱子扔到上面了。很解恨是吧？还会有嗞嗞的响声呢！炼出来的虱子油可别浪费了，你可以用它来擦皮鞋……

什么，这个听起来很恶心？好吧，我们再换一个——巧抓老鼠。

老鼠和虱子一样，都是你的好伙伴，因为它们总是陪伴着你。老鼠的生育能力你大概早已有所耳闻，而在战场上它们会更加猖獗。有这么多老鼠是因为这里的条件“太好了”，战场上恶臭的垃圾和腐烂的尸体为老鼠提供了足够的食物，如果把这里称为士兵的地狱的话，那么这里简直是老鼠的天堂。这些小家伙会津津有味地啃着死人的眼球，吃着尸体上的肉，而且它们会咬破你的睡袋、你的衣兜、你的袜子、你的……总之它会咬破你的一切可以咬破的东西，而且它还会偷吃你本来不多的食物，比如说饼干，咯吱咯吱的。在晚上睡觉的时候，这些嚣张的家伙甚至敢在你的脸上跑来跑去……所以你一定很想干掉它们对吧？所以我要向你推荐两款解恨的游戏。

第一种游戏：

1. 准备一小撮火药和一根大棒；

2. 在老鼠洞口放上火药并点燃它们，然后你就守在洞口；

3. 火药散发出来的烟会把这些鼠辈熏出来，它们从洞里逃出来时你就可以拿着木棒敲碎它的小脑袋。

PS：玩这个游戏的时候请务必注意安全，因为有士兵在用火药熏老鼠的时候引爆了敌人的地雷，于是就悲剧了……

第二种游戏：

1. 首先你要把刺刀装在你的步枪上，然后在刺刀尖端插一块奶酪（如果你还有奶酪的话）；

2. 把刺刀对准老鼠洞口，然后耐心地等待…….

3. 1 个小时或者是 2 个小时以后，当老鼠探出头来啃奶酪时，你就可以扣动扳机——嘭！爆头！

当然，你也可以专门养一只猫来抓老鼠，据说猫除了可以干抓老鼠的活儿以外还能报警，当敌人发动毒气进攻之前它们会变得十分不安，颇有些地震前兆的意思——也许是喵星人可以闻到没有形成浓雾之前浓度很低的毒气吧。

额，你也不喜欢这个？因为你是动物保护协会的？好吧，那咱们来个刺激点的——释放俘虏的游戏。

首先你要英勇地抓获俘虏一枚，然后再准备一颗手榴弹。让俘虏立定后，你就把拉开保险的手榴弹放进俘虏的后背包里——记住动作要快，因为手榴弹 5 秒钟后就会爆炸——然后按住俘虏，当你数完“1、2”后就放手让他跑。如果他能在剩下的 3 秒内从背包里拿出手榴弹扔出去，那么他就赢了，但如果他拿出手榴弹后又把它扔向你——那么……你就输了。

除了玩游戏外，对于你们来说最开心的时刻就是收到后方亲人寄来的包裹了，里面有在前线根本吃不到的香肠和面包——虽然有时候硬得像敌人的子弹，但也聊胜于无。另一个开心的事就是你收到女友的甜蜜来信——如果你没有女朋友的话也不必伤心，万能的政府什么都为你想到了，他们在大后方发动了许多未婚女青年作为你们的“战时女笔友”，这些“女友”会定时给你们写信，在信中她们会柔情万种地激励你们奋勇杀敌。有个文笔斐然的士兵一下子交了40多个女笔友，羡慕吧！对了，还有个事忘了告诉你，那就是热心的政府还会替你们寄一些彩色明信片给你的家人，告诉他们你们是怎样怎样舒适幸福加安全，让他们安心……有没有被感动？

什么，你还是觉得新皮鞋很硌脚？不是给你说了用“红茶”软化一下么？不管用？ Oh! My God！你不会真的用红茶去泡皮鞋了吧？我说的“红茶”其实是——小便。你觉得恶心？ NO！听我说，尿液可是个好东西，在战场上有的时候它会救你的命呢，比如说，遇到毒气的时候。

遇到毒气的时候你又没有防毒面具，怎么办？有一种最积极简便有效但有点恶心的防御措施：首先，脱下你的裤子……不对，在脱裤子之前你要先找块手帕，或者毛巾或者内衣……如果这些都找不到，那袜子也凑合，然后脱下裤子朝上面撒尿。等尿把布浸湿后马上把它系到脸上，捂住你的嘴和鼻子——希望你没上火。如果你没尿或尿不够怎么办？那就要看其他战友肯不肯帮忙借你点尿了……我告诉过你要多喝水的。

PS：我觉得还是用自己的尿要好一些。

下面我们要谈的问题是“休假”。对，你没有听错，你还可以休假，在正常情况下士兵可以每4个月休假一周。但不要高兴得太早了，我说的是“在正常情况下”。你觉得我们现在的情况正常吗？所以这个问题我们可以忽略掉……即使领导真的让你去休假你也回不了家，因为铁路是拥挤的，而且是为开往前线英勇作战的士兵准备的，你根本轮不上。如果你真的想回家的话，那只有一个办法，那就是——受伤。

在这里待久了你就会知道，受伤也是很令人羡慕的——我说的是轻伤，不是缺胳膊少腿没脑袋的那种，受一点不伤筋动骨的伤不但可以赢得赞许和荣誉，而且还可以回后方“休养”。想象一下医院里洁白的床单、舒舒服服的床垫，还有穿着白衣的女护士陪伴伺候……和前线比起来那简直就像天堂一样……你说什么？不，脚气可不行，那种可能性比脚上的鸡眼大不了多少。我可以悄悄地告诉你一些小窍门，《好兵帅克》里面也谈到了，比如说：

1. 咀嚼无烟火药会使你的体温升高，出现暂时发烧的症状。

2. 折断自己的胳膊或者是腿——通常腿上的伤比胳膊受伤更有价值。如果你不忍心下手的话也没关系，你可以花 20 块钱雇个专业人士，他能让你的踝骨脱节得干脆利索，保准你残废一辈子。

3. 用枪顶着手把两根手指打掉，但这种自残很容易被识破，因为会留下灼伤的痕迹——这就需要亲密战友之间互相帮忙。

4. 最保险的是装疯卖傻，如果你是演技派的话——但记住，千万不要打给你做检查的医生。

但是，下有对策上有政策，针对装病逃避兵役的人，军队里特地制定了一系列苦刑来检验真伪，比如说：

1. 先饿你几天，不管你声称得的是什么病，一律早晚喝茶一杯，连喝三天；

2. 给你灌大量金鸡纳霜粉（治疟疾用的）；

3. 每天一公升温水洗胃两次；

4. 每天用肥皂水和甘油给你灌肠；

5. 最后用冷水泡过的床单把你整个裹起来，晾上半天。

一般来说，装病的士兵进行到灌肠阶段就会宣布自己病已经好了，而且会强烈要求立即归队。而能坚持到最后阶段的士兵一般会被装进一口小小的棺材里，送到后方的军用墓地……好吧，最后这一段只是小说，我是在吓唬你。

如果你倒霉被分到反复争夺的战区，那么你将有机会体验到极为刺激的场面：炸弹在你前面爆炸，炸弹在你后面爆炸，炸弹在你左边爆炸，炸弹在你右边爆炸……你会分不清到底是自己还是敌人发射的炮弹，你要是想躲开炮弹的话最好立即跳进一个还冒着热气的弹坑里——记住身手要敏捷——因为根据概率学的原理，同一个坑里不大可能落进两颗炮弹（如有巧合，算你倒霉）。你不必担心，时间一长你就麻木……我是说习惯了，用科学术语来讲你已经有“日常恐惧免疫系统”了。

只要看到敌人，你就要举枪射击，不要犹豫，因为敌人都是万恶的。当四面八方的敌人包围了你，端着刺刀向你逼近的时候，你该怎么办呢？不用担心，你可以毅然地摘下头盔，把步枪猛摔在地上，为了增强效果，你还可以慷慨激昂地大喝一声：“求求你们了，先生们，不要杀我！”然后掏出香烟双手奉上作为礼物——争取做一个模范战俘吧，因为你的战争已经结束了。

预防针已经给你打完了，该说的不该说的都给你说了，现在你准备好了吗？如果你的神经够大条、意志够坚定、心态够好的话——我可不想大战后在精神病院看到你——如果一切都 OK，那么你就可以上战场了。一路保重，因为你面临的将是硝烟弥漫、血肉横飞、残酷异常的战场。

第六章
残酷的前线

★ ★ ★

“我们又占领了一片领土，我们的墓地终于可以扩展到海边了……”

——一个德国士兵给家人的信

1915 年 1 月 1 日，新的一年开始了。大战已经进行了 5 个月，德国已伤亡了 80 万人，英国伤亡 5 万人，法国和奥匈帝国的伤亡在 100 万左右，俄国的伤亡比他们都多，有 200 万。可怕的是，伤亡人数还将继续上升。更可怕的是，伤亡并没有换来胜利——法军在 3 个星期内才推进了不到 500 米。

而此时的德国还在纠结到底应该在哪个战线上用力。既然原来的战争计划已经失效，那么接下来该怎么办呢？由于根本没有制定过任何替代战略，德国面临着一个新问题——如何摆脱腹背受敌的困境？哪个战线上德国胜利的希望更大？西线是军队太大而战场太小，东线是军队太小而战场太大。要投入更多兵力的话，是投向西线还是东线？

由于在东线取得了一系列的大胜，鲁登道夫和兴登堡这对黄金组合已经成了大众偶像，他们要求加派 20 万援军再创辉煌，因为俄军是许多柿子里最软的那一个。这遭到了总参谋长法金汉的坚决反对，除了认为西线更重要外，另一个原因是法金汉很嫉妒鲁、兴二人风头太盛，这可能威胁到他总参谋长的位

＜法金汉（1861—1922 年），参加过八国联军侵华，1915—1916 年的德国总参谋长，被称为"眼睛一直盯着西线的人"，但因为外有奥匈盟友求救，内有兴登堡等人掣肘，他还是不得不经常拆西线补东线。

置。由于意见不合，双方起了内讧，法金汉拒绝调军队去东线，甚至把鲁登道夫和兴登堡两人的名字从东线胜利的电报中删除；后者则干脆无视法金汉的命令，擅自派军队去援助康拉德。于是双方开始在德皇面前互相攻击，后来法金汉直接把鲁登道夫从第 9 集团军调走；而兴登堡则向德皇要求撤换法金汉，否则他就辞职不干了。内讧的结果是法金汉的战争大臣一职被撤除，但仍保留了他总参谋长的职位。为了安抚兴登堡等人，威廉二世宣布东线是“具有决定性意义的战场”，但还是打了折扣，他只同意将 4 万人派往东线。

1 月 23 日，同盟国在东线的进攻开始。在北边，兴登堡和鲁登道夫开始使用一种新型武器——毒气。28 日，德军在前线打开了 1.8 万筒溴化物，他们希望这种毒气可以顺着风飘到俄军阵地，把敌人都毒死。但是德国人失算了，他们没想到这种毒气在零下几十度的时候效果很差，以至于俄国人活蹦乱跳的一点儿感觉都没有。既然旁门左道不管用，那就只有正面死磕了。2 月 5 日，德军出击的这一天突然下起了大雪，温度一下就降到了 -40℃，俄军在德军的攻击下迅速溃败——很多俄国兵别说训练了，连枪都没摸过——几天后冰雪又解冻了，这下俄军连逃跑都困难了，因为地面变成了烂泥塘，马和大炮都陷了进去。追击比赛变成了障碍跑比赛。唯一让俄军感到欣慰的是德军的追击也受到了影响，雪水将士兵湿透的衣服冻成了冰罩，很多人都被活活冻死。当时的情景是，俄军在前面痛苦地跑，德军在后面痛苦地追。

不管怎么样，德军又一次在东线胜利了，因为他们前进了 70 英里。70 英里啊，和西线只能前进几百米相比简直是大胜。兴登堡再次成为德国的英雄，德国报纸甚至宣称他是一个天才、一个无敌的人、一个和上帝一样的人。但是，这位无敌天才且和上帝一样的人却悲观地认为“我们在战略上失败了”。因为俄国太大了，70 英里对于拥有 2240 万平方千米土地的沙俄来说只是小菜一碟。

在南面，得到德军援助的康拉德雄心勃勃地准备收复加利西亚，将俄军赶出喀尔巴阡山脉，解救被围困在普热梅西尔的奥地利军队。双方的兵力对比是

∧ 一个哥萨克巡逻队在德国人撤离后不久占领了一个波兰的城镇。

41 个德奥联军师 VS 42 个俄国师，寒冷的天气和绵延的雪山阻碍了康拉德的反击——早晨起来经常会发现冻死的士兵，虽然奥匈军队俘虏了 6 万俄国人，但他们自己却损失了 8.9 万人。到 2 月即将结束的时候，康拉德已经损失了 80 万人，而他要解救的被围困在普热梅西尔的军队才 12 万人。这些被围的人最终也没有等到战友来解围——3 月 22 日，被俄军围困了 194 天的普热梅希尔要塞终于陷落了，城内被围困的士兵饿得发昏，连站都站不起来了，但城内军官和他们的情妇竟然发福了——他们靠的是享用城内秘密储藏的食物，没吃完用完的物资则在他们投降之前被下令炸毁。俄军共俘虏了 12 万奥匈士兵，外加 9 名将军和数百门大炮，光清理要塞里的尸体就花了他们一个星期。沙皇还特意视察了刚刚攻陷的伦贝格（Lemberg，今乌克兰利沃夫），并特意在奥匈帝国皇帝约瑟夫的套间下榻。俄军已经威胁到了多瑙河河谷，这让奥匈帝国很是害怕。

虽然俄国又取得了一次胜利，但从黑海到地中海的运输线仍然没有打通，英法盟友的供给援助仍然送不到俄国，因为俄国很不热心。

处于崩溃边缘的康拉德再次向德国求援，这让法金汉很郁闷，因为他认定西线才是决定胜负的地方，那里需要更多兵力，而且形势很不乐观，原来说好要参加同盟国俱乐部的意大利人此时正待价而沽，想把自己卖个好价钱。意大利总理兼外交部部长安东尼奥·萨兰德拉（Antonio Salandra）对外宣称意大利有 100 万军队，这马上吸引了双方的眼球，于是一张竞标拍卖开始了。为了拉拢意大利加入协约国集团,英国和法国很慷慨地承诺给予意大利大片领土，比如说奥匈帝国统治下的的里雅斯特（Trieste）和阿尔卑斯山南面的蒂罗尔（Tyrol），还有土耳其爱琴海上的小岛和巴尔干半岛上的一些地方，因为这都不是他们自己的地盘。俄国人则认为前景光明，根本没必要用贿赂吸引意大利人参战（其实是不愿意再来个分粥的，因为胜利果实就那么多）。

相比之下，同盟国的报价就没那么高了，因为意大利想要的都是奥匈帝国的地盘，虽然德国人告诉意大利他们能在奥地利兜里找到什么就给他们什么，但这遭到了奥地利的抵制，他们才不愿意割肉呢。为了诱使奥地利割肉，德国首相贝特曼建议把部分西里西亚（Silesia）划给奥匈帝国，算是他们割地给意大利的补偿，但这个建议立即被德国人否决掉了，因为西里西亚是德国的一部分，一想到要自己吃亏，德国人也变得不那么积极了，于是他们的最低目标变成了让意大利保持中立，不参战即可。

而在西线，双方都在忙着巩固防御阵地。3 月 10 日早晨 7 点 30 分，英军在西线奥柏岭（Aubers Ridge）发起了又一次进攻，先是长达 35 分钟的大炮轰击，然后是上了刺刀的冲锋。英国士兵很谨慎，他们预想会遇到敌人顽强的抵抗，但出乎意料的是没有，第二道防线也没人把守，越过田野的第三道防线也是——只用了一个半小时，英军就完成了全天的任务。但这次胜利很快就被浪费掉了，因为“打仗像狮子一样的英国士兵被一群猴子指挥着”。指挥进攻的军官请求继续前进，因为突破口很窄，他的后面已经挤满了上万士兵，已经造成了交通堵塞，但没人回复他。就在英国人挤成一团的时候，德军从四面八方赶到，构筑了新防线。最终，德军顶住了英军的进攻。

从这次激战中，双方都得出了错误的结论：德国人觉得虽然英军有兵力上的优势，但自己还是守住了阵地，法金汉因此不再坚决反对把西线的兵力调往东线；英国方面则认为他们的失败是因为大炮轰的时间不够长，于是英国第一军团指挥官黑格（Haig）下令以后进攻前大炮要先开一整天。

4 月 5 日，14 个法国师在西线发起进攻，他们的目标是攻击德军圣米耶尔（St.Mihiel salient）突出部的两侧，这个计划将使法军的防线变直——从而变短，减少法军防守的兵力。然后法军就可以收复德军占领的梅斯（Metz），迫使德军后撤。这个计划很不错，唯一的缺点是——不可行，因为法军的保密工作做得太糟糕了，一些法国军官甚至在前线附近的咖啡厅里津津有味地谈论这次进攻，这就等于把自己的计划事先告诉了德国人。于是在法军开始进攻前，德军就事先修筑加固了防御工事，法军在伤亡了6.2万人后不得不停止进攻，但深信胜利即将到来的霞飞立即下令参谋制定新的、更大的进攻计划。

而德国方面，法金汉继续将兵力从西线调去东线，为了不让英法知道德军的调动，他决定发动牵制性的进攻来迷惑对手。这就是第二次伊普尔战役。

但德军不知道的是，英军正准备先发制人，一批英国矿工利用3周的时间凭借人工“抛土机”——一种用脚力挖掘隧道的工具——挖掘出了一条从英军阵地直通德军阵地的地下隧道。英军在德军第60号高地（高度60米）下面挖了个地下室，然后填满了炸药。4月17日傍晚7点，一声巨响，山头上的德国士兵和碉堡瞬间消失。英军伤亡7人，夺下了这个制高点。但英军还没来得及享受胜利的喜悦就陷入危险之中，因为他们发现自己已处于敌人火力的三面包围之中。

4月22日下午，48小时的猛烈炮轰后德军开始进攻，但协约国的士兵并没有看到敌人，而是看到了一种黄绿色的奇怪气体像大蛇一样蜿蜒着、慢悠悠地飘了过来——德军打开了6000罐一共18万千克的氯气。6000罐你觉得多吗？其实并不算多，因为德国化工业生产了全世界85%的氯气。5分钟后，法军前线几乎所有的士兵（大多是阿尔及利亚人）都抛下了武器，发出一片哀号声：“救命啊，我不行了！”他们惨叫着开始在地上打滚咳嗽抽搐呕吐，还能动的人拔腿就逃，法军已经乱成了一锅粥。几乎是顷刻间，法军4英里宽的战线就被清空了，德军阵地前面几乎是空无一人了。德军曾耗费了几万人的生命都没有夺下伊普尔，现在他们在几分钟内，没有损失一个人就达到了目的。这连他们自己也感到吃惊，因为他们之前在东线对俄军使用过毒气，但是很不理想，俄国人也没当回事儿，觉得不值得大惊小怪，所以压根就没把这件事告诉自己的盟友。

其实法军师长费里（Ferry）几周前就从俘虏和间谍那里得知德军有使用氯气的计划，他们还缴获了一件敌人准备的防毒面具。费里马上通知了法军的最高指挥，还好心地通知了英国友军，并建议立即炮轰敌军的战壕，摧毁这些毒气罐。但法军领导没有采取任何行动，费里的军长认为他只是个轻信谣言的笨蛋，所以根本没把他的建议当回事儿。另外一个领导则警告费里不应该直接跟英军交流情报，因为这不符合组织程序——官僚主义害死人啊！最后的结果是费里受到了撤职处分。实际上，在使用毒气前德国人就已经事先通知法方了，4 月 17 日德国广播就义愤填膺地谴责法军首先使用毒气——这是德国人惯用的贼喊捉贼恶人先告状的伎俩，为的就是把过错先推给敌人，为自己放毒气找个借口。但迟钝的法军根本没注意到。

这样的战果连德国人也感到惊讶，因为他们也没料到使用毒气的效果会这么好。于是他们又错过了一次好机会——由于他们紧追法军，德方也有好些人中了自己放的毒，加之天色漆黑，德军只推进了 2 英里就不敢再前进了，因为他们没有装备防毒面具，而且大量部队已被调往东线，他们根本没有力量继续推进。等德国人意识到这是一个大好机会的时候已经晚了，协约国的军队已经填补上了战线上的缺口，且英法军队很快就反应过来，知道德国施放的毒气是氯气，因为有人注意到士兵军装上的黄铜扣子变绿了——这也从一个侧面反映出了学好化学知识的重要性——于是他们立即开始采取应对措施。

4 月 25 日，刚调来的一支塞内加尔人的步兵团也在遭到毒气攻击后陷入了混乱，看到毒气后他们惊恐地扭头撒腿就跑（他们可能没经过培训）。这些黑人英勇无比地打死了企图阻止他们后退的军官，一直杀气腾腾地跑回后勤部队所在地才罢休。

双方继续混战到了 5 月底，最后由于德军弹药出现了短缺，这次战役才宣告结束。德军伤亡 4 万人，英军伤亡 6 万，不过从长远角度来看，德国的损失要大一些，因为率先使用毒气，德国的形象大打折扣，其他中立国家都开始鄙视他。

在法国方面，霞飞仍然乐观或者说盲目乐观地认为大战会在 3 个月内结束，

^ 1915 年 4 月约翰·弗伦奇发出的电报，在这封电报中，约翰·弗伦奇要求战争机构为英国军队提供防毒设备。

∧ 1915 年第二次伊普尔战役期间，战壕中的法国军队戴着早期型防毒面具。

∧ 1916 年，法国军队的防毒面具。

∧ 戴防毒面具的德军。

∧ 战场上化学武器的受害者。

所以他不断发起一次又一次的进攻，弗伦奇也一样，只有贝当——他当时已荣升法国第 2 集团军的指挥官——看出来这是场消耗战，他曾评论道："最后的胜利属于还有活人的那一方。"

和 1915 年夏天西线僵持的局面形成对比的是，德军在东线继续追击俄军。虽然康拉德很不争气，但德国人还是得援助他。5 月 2 日，德军在从西线调来援军之后再次向俄国人发起进攻。俄军防线在德军 1000 门大炮的轰击下迅速崩溃。6 月 3 日，普热梅西尔要塞被收复；月底，伦贝格也被收复——为了制约兴登堡，法金汉特意把这次战役的指挥官马肯森（Mackensen）提升为元帅，因为马肯森与兴登堡、鲁登道夫的关系不好。而为了配合马肯森元帅的孤军深入，法金汉不得不再次从西线调兵。8 月 4 日，俄国占领 100 年之久的华沙也落入德军之手，到 9 月底的时候，相当于法国那么大的波兰突出部已经完全被同盟国占领。德军在东线取得了巨大的战果，到 9 月的时候，他们已经推进到了普里皮亚特（Prypiat）沼泽以西。但他们只是迫使敌人后退，俄国军队并没有被消灭。俄军已经成了惊弓之鸟，他们撤退的速度快得让德军根本逮不到他们。法金汉意识到继续深入有陷入泥潭的危险，于是他立即下令停止进攻并准备从东线抽调兵力去西线，但兴登堡和鲁登道夫根本不理睬法金汉的命令，他们两个后来解释说他们之所以没有遵照法金汉的命令行事，是因为他们错误地理解了法金汉的意思。

仅 5 月里，俄军就损失了 40 万人，德国人在战斗中不得不一次又一次地把战壕前成堆的俄国士兵的尸体搬走，因为尸体已经挡住了德国士兵的视线，妨碍了他们射击新的进攻者。当英国使者为俄国惨重的损失表示哀悼时，俄国陆军大臣竟不以为意地安慰对方说不要为此而难过，因为"人是我们唯一过剩的东西"。虽然损失惨重不断溃退，但俄国好像就是个皮糙肉厚抗打抗揍的巨人一样，总有源源不断的兵源补上来，而且他们还成功地反击了奥匈军队，俘虏了大量敌军。东线的局面仍是德军虐俄军，俄军虐奥军，奥军向德军求救；

然后德军虐俄军，俄军再虐奥军……但是俄军对奥军的胜利根本抵消不了德军对俄军的胜利，6月时俄军已被迫撤出了加里西亚，北方德军正直指库尔兰（Courland），有威胁到彼得格勒的危险，俄军总司令、沙皇的表叔尼古拉（Nicholas）大公爵甚至在沙皇面前哭了起来，并询问尼古拉二世是否想取代自己。

由于前线的失败，后方的莫斯科发生了暴乱，德国人的房子和工厂店铺等都被打砸抢烧。俄国人开始痛恨一切和德国有关的东西，他们甚至把矛头指向皇后亚历山德拉，要求将其送进修道院，因为她是德国人；他们还要求废除沙皇（可能因为他娶了个德国老婆）。一系列的失败和由失败引发的混乱引起了俄国领导人的恐惧，他们开始支持意大利参战——意大利总理萨兰德在观望了一段时间后赌同盟国会输掉，于是他声称意大利将在30天后参战，于是他得到了协约国的回报，得到了一切他希望得到的东西，还有英国人给的5亿英镑的贷款。但意大利还没参战，国内就先乱了起来。就在萨兰德下决心参战后，天主教会和社会主义分子开始抗议，他们反对意大利参加战争，这导致了萨兰德政府的倒台。但很快意大利国内又发生了一次政变（墨索里尼也参加了），骚乱的人群砸烂了下议院的窗户，迫使反对参战的人放弃了他们的主张。5月23日，意大利向奥匈帝国宣战，但没有向德国宣战，因为德国要比奥匈帝国强，而且他们天真地认为他们不向德国宣战，德国人就不会打他们。

以为意大利的加入会有所助益，但很快协约国就对意大利失望了，因为意大利军队根本没准备好，他们不但装备差劲，而且指挥差劲，既不能生产重武器，又没钱去买。他们的60万大军在数量上远超奥匈军队，但却没有取得任何好的战果，因为他们北部是蜿蜒陡峭、高耸入云的天险阿尔卑斯山（Alps），奥匈军队的一个班拿一挺机关枪就能守住一座山。双方在这里进行了一场“立体战争”，因为这里的山坡几乎都是直上直下的，负责攻的意大利人只能攀着突出的岩石向上爬，山上防守的奥地利人则不时向下投几个手榴弹，然后根据对方的惨叫声来判断战果的大小。唯一能直接向奥地利发起进攻的地方是伊松佐（Isonzo）河流域，但是要想从这里直捣奥地利的心脏只能先突破伊松佐河的防线，只有渡过河才能占领对岸的高地，而只有占领对岸的高地才有可能安全地渡河……这简直就是陷入了一个循环的怪圈。4 次进攻后，意大利让奥匈帝国损失了 16 万人，而意大利自己也损失了 16 万人，奥匈帝国和意大利这对难兄难弟可谓是半斤八两、菜鸡互啄，这两个在帝国主义集团里垫底儿的国家碰在了一起，谁也打不过谁。于是在这里又形成了一个僵局。

8 月底，沙皇终于解除了他表叔尼古拉大公的总司令职位，他决定自己亲自出马御驾亲征，因为皇后亚历山德拉鼓励他要更独裁一些，她在给丈夫的信中写道：“我亲爱的甜心，变得更独裁些，把你的意志力表现出来。啊！我的爱人，难道你能做的只是用手狠狠地拍桌子吗？”于是尼古拉对他叔叔说：“担任总司令是上帝赋予我为国家服务的责任。”他还表示他将与军队同甘共苦，

∨ 意大利军队乘坐渡船渡过伊松佐河。大约摄于 1916 年与奥地利的一系列战役中。

1915年8月8日，查纳克拜尔（Chunuk Bair）战役中，山顶上绝望地战斗着的加拿大远征部队惠灵顿营（Wellington Battalion）的士兵。

保护俄国不受敌人的攻击，具体表现是：每天坐在办公桌后花 1 个小时处理军务（从上午 11 点到 12 点）。尼古拉大公爵听到他被解职的消息后十分高兴，一身轻松，因为他终于从一项不适合自己的工作中解放出来了。

俄军的溃败不但使俄国领导人感到害怕，也使英法两国的领导人感到害怕，如果俄国退出战争，他们的压力将会更大，于是英法联军决定发动一次大规模的秋季攻势，用西线的胜利来抵消东线的失败。9 月 29 日，经过 4 天的大炮轰击，他们摧毁了德军的第一道防线，但这也等于给德军打了预防针——他们的进攻即将开始。早晨快 6 点的时候，黑格发出施放毒气的命令，他早就想用这招了，因为风向一直不对头，所以一直没法用——但在他发出命令后风向突然又变了，

＜尼古拉大公（1856—1929 年）有近 2 米高，他是 1914—1915 年的俄军总司令。1915 年被沙皇免职，据说是因为他得罪了拉斯普廷。1917 年沙皇被废黜前他再次被任命为总司令，但不到 24 小时就又被撤职。

于是很多准备冲击的英军士兵都中招了。法国人的进攻也不顺利，法军在香槟（Champagne）的大炮摧毁了德军的第一道防线，法军士兵以出乎意料的速度提前进入了德军第二道防线的战壕，但后方的大炮并不知道这一点，它们发出的炮弹刚好落在这些进入德军战壕的法军头上。没被敌人打死却被自家炮弹打死真是太窝囊了，这些法国士兵——我是说没被自家炮弹炸死的士兵——赶紧又跑了回来。所以说提前完成任务并不一定有你的好果子吃。等到法军反应过来再次组织进攻时，德军的后备部队已经赶到了——4 天的大炮轰炸全白费了。但霞飞还在坚持进攻，这场鏖战一直持续到了 11 月份，法军伤亡达到了近 20 万，德军伤亡 14 万——但霞飞在接受巴黎报界的采访时却说战役胜利了，因为从总体数量上看，他的损失不如德国人多。

10 月 7 日，同盟国在巴尔干半岛上又取得了一次胜利，德奥联军为抵御两天前从希腊萨洛尼卡（Salonika）登陆的协约国军队，开始从北面攻入塞尔维亚。3 天后，他们就进入了贝尔格莱德。又过了两天，保加利亚也派兵从东边进入塞尔维亚——由于塞尔维亚的存在，德国通往土耳其的道路被阻断，德国人只能把炮弹装在啤酒桶里走私到土耳其去，缺少炮弹的土耳其只能放防空炮，用防空炮爆炸的声音来吓唬敌人。为了结束这种局面，德国决定拉“东方的小普鲁士”保加利亚下水。在考虑了很长时间以后，保加利亚国王斐迪南一世（Ferdinand I）决定加入同盟国。和意大利一样，保加利亚也在考虑哪方给自己的好处多就加入哪方，他们和俄国较为亲近，因为他们都是斯拉夫人，而且皇帝都叫沙皇。但他们最想要的是第二次巴尔干战争中被塞尔维亚夺去的土地，尤其是马其顿。为了拉拢保加利亚，俄国曾建议塞尔维亚做出牺牲，但塞尔维亚表示坚决反对，他们声称宁愿整个国家都给奥地利，也不让马其顿一片土地落在保加利亚手中。于是保加利亚就倒向了同盟国。在和同盟国签约前，贪婪的斐迪南一世特意告诉威廉二世，他有一笔价值数百万英镑的私人财产还存在伦敦，如果保加利亚参战的话，这笔钱就会被英国没收。于是他要求无论战争谁输谁赢德国都必须赔偿这笔损失。这简直就是明目张胆地敲竹杠！威廉二世明明知道这是讹人，但为了打赢战争，一咬牙一跺脚也就答应了。直到 20 多年后，虽然威廉二世已经被推翻了，德国共和政府还在秉着诚信的原则分年偿还这笔钱——斐迪南一世不愧是老狐狸，虽然后来他的国家战败了，但他自己却赚翻了。

在德奥联军开始大举进攻塞尔维亚的 8 天后，保加利亚也不宣而战，从西面攻入。没有盟友去援助塞尔维亚，因为大家都声称自己兵力不够用。在同盟国的夹击下，塞尔维亚陷入了一场灾难，一共损失了 20 万士兵，几乎被完全打垮了。剩下不多的残兵败将像乞丐一样带着 2 万名奥地利战俘撤退到了希腊西海岸的科孚岛（Corfu）——有一半的人没有到达目的地，因为他们都死在了撤退的路上。

而在得胜者这边，好不容易赢了一回的康拉德不顾法金汉的反对，对塞尔维亚军穷追不舍，这位参谋长是吃着碗里的，看着锅里的，还惦记着盆里的，他不但要占领塞尔维亚，还要占领黑山和阿尔巴尼亚，甚至还盯着希腊的领土。这让协约国大惊失色，他们立即组织了 3 个师在希腊萨洛尼卡紧急登陆。这让希腊人很不爽，因为他们到现在为止还是中立的，没招谁也没惹谁，协约国军队竟然不请自来。于是希腊国王康斯坦丁一世（Constantine I）开始倾向于同盟国，他自己就是亲德的，虽然他的外祖父是俄国沙皇，老妈是俄国的公主，但他的王后是德国公主，老妈与老婆，他最终选择站在老婆一边。为此，康斯坦丁一世免去了亲协约国的首相韦尼泽洛斯（Venizelos）的职位。被罢相的韦尼泽洛斯干脆一不做二不休，自立新政府和康斯坦丁对抗，但他的这个新政府却没有得到协约国的支持：首先是俄国，因为康斯坦丁他妈妈——也就是太后——是俄国的公主，俄国自认为是希腊的娘家人；意大利也不支持他，因为他把希腊政府看成是巴尔干半岛的竞争者。6 月 12 日，在协约国——主要是英法——的打压和封锁下，康斯坦丁被迫把皇位传给了儿子亚历山大，自己下

保加利亚开国国王斐迪南一世(1861—1948年),他的外号就是“狐狸”。一战战败后他被迫让位给自己的儿子鲍里斯,流亡奥地利。

台流亡国外。29 日，希腊政府向同盟国宣战。虽然把希腊拉下了水，但协约国军队由于兵力太少，他们派到萨洛尼卡的远征军只能在那里掘壕固守，于是又形成一个僵局,他们将像笼子里的鸟一样被困在这里无所事事,直到 1918 年。德国人则开心地称这里是“德国最大的战俘收容所”。

12 月，也就是这一年即将结束的时候，英国远征军司令弗伦奇被迫辞职，他的职位被黑格取代。早在 10 月黑格就开始到处埋怨攻击弗伦奇，说自己之所以没有取得胜利都是因为弗伦奇的无能，要是他能再有一个师的后备兵力，他早就通过敌人的阵地了……其实黑格也经常犯这个错误——不准备后备部队，后面我们就可以体会到。弗伦奇则拼命地为自己辩护，为此他还特意伪造了发布命令的记录，这下可让黑格抓住了小辫子，他立马向英国国王乔治五世打了个小报告。在英王的干预下，弗伦奇被迫辞职。黑格如愿以偿地成为英国远征军的新司令。

1915 年在一团僵局中结束了，总结起来就是：1915 年协约国在西线的战果几乎为零，但伤亡损失却高达 157 万人；而在东线，俄国又损失了 200 万人，但它却像个打不死的巨人一样仍然屹立不倒。同盟国仍然面临两线作战，鹿死谁手，依然是个未知数。

∧ 1915 年，霞飞将军和英军元帅约翰·弗伦奇、道格拉斯·黑格在西线战场上。

第七章

令人无奈的远征

★ ★ ★

"我们再次登陆，并且又挖掘了一个坟场。"

——英国人

和德国人一样，协约国也在考虑找一个新的突破口。其中呼声最大的是英国海军大臣丘吉尔，因为数量庞大精力旺盛的英国海军正有劲儿没处使呢。丘吉尔从 1914 年底就到处宣传：“难道除了把我们的军队送去啃带刺的铁丝网就没有别的办法了吗？”换句话说，既然英军在法国战场上损失惨重，那么能否找一个伤亡可以小一点可以寻求突破的新战场呢？热心的俄国总司令尼古拉大公（当时还未被沙皇解除职务）发来电报，建议英国在中东给土耳其一点颜色瞧瞧，最好在叙利亚登陆，因为这样可以减轻俄国在高加索战线的压力；如果英国觉得不方便的话，他们也可以在波罗的海沿岸登陆，俄国海军可以予以配合，这样就可以减轻德国鬼子对俄军的压力；如果英国还觉得不合适的的话，没关系，还有第三种选择——那就是在希腊岸边的萨洛尼卡登陆，支持巴尔干半岛上的塞尔维亚人，减轻俄国人对抗奥匈帝国的压力。不过，英国人并没有接受俄国人的热心建议，他们最终选择了进攻达达尼尔海峡的计划，通过这里可以直捣土耳其的首都君士坦丁堡，而且奥斯曼土耳其这个“西亚病夫”比较好欺负，如果成功的话还可以援助塞尔维亚，抄奥匈帝国的后路，还可以打通援助俄国的黑海通道。但丘吉尔的这个计划英国陆军根本不支持，英国远征军司令弗伦奇甚至声称不派军队去西线将是一个令人永生后悔的错误。于是丘吉尔决定由海军自个儿来单干。当丘吉尔询问东地中海舰队能不能通过那里打到土耳其的首都君士坦丁堡时，英国舰队司令的回复是：只要有足够的军舰，3 天就能拿下君士坦丁堡。于是这个方案就这样定了。

1915 年 2 月 19 日，一支庞大的舰队靠近了达达尼尔海峡。有多庞大呢？这支舰队包括了 12 艘英国战列舰、4 艘法国战列舰、14 艘英国驱逐舰、6 艘法国驱逐舰，另外还有 35 艘扫雷用的拖网渔船——这些渔船都是征用来的。自信满满的英国人认为，只要大炮一响，土耳其人就会吓破胆，望风而逃。这个阵势确实把土耳其政府吓坏了，他们甚至建议放弃首都伊斯坦布尔，直接逃走。2 月 25 日，土耳其在海峡的要塞遭到了猛烈的炮轰，英法军舰开进了海

峡，但他们不敢继续深入，因为往北海峡会越来越窄，而且他们要想前进，必须先清除水雷。这是一件特别麻烦的事，临时扫雷艇上雇来的平民拒绝在炮火中前进，理由是这太危险，他们这些临时工才犯不着去冒险。没办法只好派海军船员去，但这些船员根本搞不定民用拖捞船，扫雷工具他们也玩不转，因为他们没有这方面的经验。最后派出的是由 7 艘扫雷艇组成的一支小型舰队，但这支舰队刚一进入海峡深处，就遭到了土耳其人的猛烈炮轰，一艘船被击沉后，其他的船只立即就吓跑了。于是舰队司令萨克维尔·卡登（Sackville Carden）下令：撤退！

就在英法联军炮轰达达尼尔海峡的时候，俄国却在一边冷眼旁观，虽然俄国在黑海有庞大的兵力，但却按兵不动，好像与自己毫无干系。他对盟友攻占伊斯坦布尔的行动并不热心——虽然这对俄国很有利——因为伊斯坦布尔落在英国和法国手里，他们也不会给俄国，俄国人反而会羡

〈 丘吉尔（1874—1965 年）在 BBC 的评选中被选为“有史以来最伟大的英国人”，在一战中他担任过海军大臣、不管部大臣和军需大臣，但他真正的辉煌时期要到下一次大战了。

慕嫉妒恨，俄国想得到这座城市想得都流口水了。俄国人的想法是，如果自己得不到，那么谁也别想要，所以这次行动失败最好。

3月1日，希腊政府放弃中立，决定提供3个师的兵力协助英法远征军，但这立即遭到了俄国人的激烈反对，俄国外交大臣萨索诺夫甚至发电报给雅典，宣称："绝不允许希腊参加协约国对伊斯坦布尔的行动！"因为他知道，希腊是希望在打败土耳其后也能分一杯羹，而俄国不想让任何人染指土耳其。虽然自土耳其参战后，他们由黑海的进口输入已减少了95%，但俄国人宁可被野心噎死，也不愿意把它暂时吐出来。

英国大使爱德华·格雷为了打消俄国人的顾虑，赶紧表示战后伊斯坦布尔及其周围的领土都归俄国所有，但他还是晚了一步，俄国的拒绝已经使希腊政府很没面子。于是希腊政府表示，只有保加利亚参战，希腊才会参战，因为希腊害怕自己派兵去打土耳其的时候保加利亚抄自己的后路。总而言之，由于俄国的搅局，协约国失去了一个好机会，因为3个师的兵力对协约国来说很宝贵。连土耳其人也承认如果希腊参战，协约国登陆成功的机率会很大，因为从地面攻击达达尼尔海峡更容易。

在格雷的不断劝说或者说是诱惑下，俄国才最终同意予以配合，但条件是只有英法联军通过达达尼尔海峡攻入马尔马拉海（Marmara）时，俄国才会出兵。

于是英法联军继续在海峡入口处扫雷，为进入海峡做准备。但进入海峡后下一步怎么做，没有人知道，因为每个人都坚定地认为，只要他们的海军一出现在海峡里，土耳其军队就会望风而逃。更糟的是，3月8日，一艘土耳其布雷艇竟然神不知鬼不觉地偷偷钻进了已被清除水雷的海域，重新布上了水雷——英法舰队居然没有发现。

3月13日，德罗贝克（Dorobeck）接替卡登任舰队司令，因为卡登突然变得不能吃也不能睡——医生宣布其紧张得精神崩溃了。

3月18日早晨，德罗贝克的舰队开进了海峡，前面是一个叫纳罗斯

（Narrows）的地方，航道宽度只有 1 英里，土耳其能击穿战列舰铁甲的重炮可能布置在这里，所以英法舰队开始炮轰这个地方，整整轰了半个小时。半个钟头后，英军信心满满地认为敌人的炮位已严重受损，但不能确定大炮是否已被完全摧毁。于是德罗贝克礼貌地指示让 4 艘法国军舰先走，因为法军曾要求拥有“进攻前锋”的荣誉。

开始时的战斗很正常，我是说很顺利，法军和土耳其方面互相对射，但突然法军的“布维号”（Bouvet）军舰就爆炸了，一眨眼的工夫——也就是在 2 分钟内——就沉了，并带走了船上的 600 名船员。这简直像是灵异事件，因为到现在都没人知道船是因为什么沉没的——可能是遇到了水雷，也可能是土耳其的大炮击中了船上的弹药库，也可能是敌人的水下潜艇……总之，一切皆有可能。

在法军损失了一艘军舰后，英军军舰继续炮轰，又轰了 2 个小时，到了傍晚，以为已经搞定土耳其军队的德罗贝克下令开始继续扫雷。

但是很快扫雷工作就结束了，不是英军扫雷艇的效率太高，而是这些用拖网渔船改造成的扫雷艇一听到土耳其的大炮声就吓得掉头跑路了。几分钟后，英军的“不屈号”（Inflexible）战列舰也不得不屈服了——它吃了一颗水雷，和“布维号”一样，沉到海底。另一艘战列舰“不可抵抗号”（Irresistible）也没能抵挡住水雷，它也有追随前两艘军舰一起沉没的迹象。在达达尼尔海峡附近的英国海军已经处于混乱状态，因为炮兵和大炮弹药根本不在同一条船上。于是德罗贝克赶紧下令：

1. 把“不可抵抗号”拖出海峡；

2. 拖不走的话就击沉它；

3. 撤退。

但在撤退到海峡入口时又碰上了水雷，又有 3 艘战列舰受伤。

这些倒霉的遭遇让德罗贝克非常沮丧，因为如此惨重的损失足以使他被炒鱿鱼。但出乎他的意料，丘吉尔又送来 5 艘军舰前来支援，不靠谱的拉网渔船也被驱逐舰取代。但是德罗贝克开始怀疑是否仅凭海军就能搞定海峡，于是英国内部开始出现分歧：丘吉尔坚决要求恢复海上进攻，但费希尔（Fisher）等几个海军上将则予以拒绝，他们的理由是连负责舰队的总司令都不支持，他们有什么理由支持呢？最终，德罗贝克没有再次发起进攻，这是德国和土耳其求之不得的事，他们正盼着英法舰队赶紧走，因为他们的弹药库已经见底了——伊斯坦布尔的土耳其政府正心急火燎地准备搬家避难，因为他们根本没有做好应对敌人登陆的准备（只有 1 个师的兵力在防守加里波利半岛）。

也就是说如果德罗贝克返回的话，他极有可能轻易就取得成功。但他没有。土耳其人趁这个机会集中兵力，慢慢地修建成一道新防线，这道新防线将有力地阻击敌人。3 月 22 日，新任爱琴海司令汉密尔顿（Hamilton）率领一支庞大的舰队离开亚历山大港前去助战，但他根本不知道加里波利（Gallipoli）是个什么情况——连哪里有水没水他都不清楚。为了知己知彼，他的参谋特意去书店买来了伊斯坦布尔的旅游指南。

就在同一天，主持伊斯坦布尔政府工作的陆军大臣恩维尔·帕夏（Enver Passha）放弃了做一名军事伟人的愿望，他放弃了指挥权——这对土耳其来说很幸运，因为他的指挥水平实在糟糕——把位置让给了德国驻土耳其的军事代表团团长桑德森（Sanders）。这位新指挥官在察看了土耳其糟糕的防御状况后，不得不仰天长叹："但愿英国人能给我 8 天时间！"对于桑德森的这个请求，英国人很配合，他们的磨磨蹭蹭给了土耳其人足足 4 个星期的时间，于是桑德森利用这宝贵的时间开始调兵遣将，修筑堡垒。

一直到 4 月 25 日，行动缓慢磨磨蹭蹭的英国舰队才出现在加里波利附近，这次他们决定用步兵来一次两栖登陆，这次庞大的行动共动用了 200 艘运输船、18 艘战列舰、12 艘巡洋舰、29 艘驱逐舰、8 艘潜艇和 7.3 万名士兵。英法两国把最好的装备都带来了——除了手榴弹和迫击炮。

∧ 恩维尔·帕夏（中）与杰马尔·帕夏（右）在加里波利战役结束后访问耶路撒冷。

∧ 青年土耳其党的领袖恩维尔·帕夏(1881—1922 年)是控制土耳其政府的“三巨头”之一。1915 年他下令进行了亚美尼亚大屠杀。土耳其战败后他流亡苏联，后来因卷入苏联内战被红军射杀。

< 油画《1915 年 4 月加里波利登陆》。

∧ 达达尼尔舰队全景。

桑德森手里有 8.4 万人，和英法联军旗鼓相当，但是他是守的一方，100 英里的海岸不可能处处防守，所以他要发散思维地“猜猜看”，猜敌人可能在哪里登陆。可是他的运气不怎么好，在 3 处登陆场中他只猜对了一处，而这处恰好又是敌人牵制性的登陆。

25 日，英军以 6:1 的兵力在半岛南端的赫勒海滩上登陆，5 个登陆点中只有 2 个遭到抵抗，其他 3 个登陆地点根本没人骚扰，但是，请允许我说但是，这些控制了登陆点的英军停止了继续前进，他们开始在海滩上悠闲地等待、拍照合影、戏水嬉戏，因为没有人告诉这些遵守纪律的好士兵下一步该干嘛。本来他们是可以轻松地占领面前的制高点，甚至迂回到土耳其守军背后去的，但是他们没有，他们守着海滩就好像在等待敌人来打他们。这支悠闲的部队在放松了一整天后才和赶来的土耳其人打了一仗。打了一夜，击退土耳其人后，这支英军觉得自己的登陆地点不佳，于是回到船上开船走了。被揍了一顿的土耳其人也觉得怪没劲，于是他们也撤退了。

此时在“伊丽莎白”号（Queen Elizabeth）上的汉密尔顿根本不知道海滩上的实际情况，所以没有发出命令。一直到第二天早上，直到派去牵制敌军

∧ 搭载着兰开夏郡燧发枪团的船只于 1915 年 4 月 25 日在土耳其加里波利着陆。该团最著名的士兵之一是英国作家约翰·罗纳德·瑞尔·托尔金（John Ronald Reuel Tolkien），他写了《指环王》。当然，他并不在该船上。

APPENDIX NO. 16 27

FORCE ORDER

(SPECIAL).

General Headquarters,
21st April, 1915.

Soldiers of France and of the King!

Before us lies an adventure unprecedented in modern war. Together with our comrades of the Fleet we are about to force a landing upon an open beach in face of positions which have been vaunted by our enemies as impregnable.

The landing will be made good, by the help of God and the Navy; the positions will be stormed, and the War brought one step nearer to a glorious close.

"Remember" said Lord Kitchener when bidding adieu to your Commander, "Remember, once you set foot upon the Gallipoli Peninsula, you must fight the thing through to a finish."

The whole world will be watching our progress. Let us prove ourselves worthy of the great feat of arms entrusted to us.

IAN HAMILTON,
General.

No. 4611
21/4/15
A. and N. Z. A. C.

Printing Section
Med. Exped. Force.
G.H.Q.

〈伊恩·汉密尔顿将军的命令。他希望在加里波利登陆之前所有部队都能阅读到这封信，以此激励他们。

〉汉密尔顿（1853—1947 年）是个语言天才，也是个“诗人将军”，在加里波利战役陷入僵局后他坚决反对撤退，结果他被撤职。

的法军佯动舰队已经回来，英军都没有再次出击。而此时桑德斯已经回过味儿来，他知道敌人不会在北边登陆了，于是他开始迅速调遣部队南下。

协约国的第三支登陆部队选在了加里波利半岛西岸，由澳大利亚和新西兰部队来完成。在登陆之前，他们进行了飞机侦察，发现这片平坦土丘——戈巴土丘（Gaba Tepe）附近没有敌情。但是，请允许我再次说但是，士兵们登陆后发现他们看到的跟他们得到的情报根本不一样：原先情报中说的平坦海滩突然变成了陡峭峡谷，隐藏在山崖上的土耳其枪手将子弹像雨点般喷射向地面……后来他们才搞明白，因为潮流的关系，他们的实际登陆点向北偏移了整整 1 英里。不过这次差错却是因祸得福，这支澳新军团获得了一个最佳战利品——他们登上前面的山峰即可俯瞰爱琴海并监视达达尼尔海峡，如果他们有大炮的话，就可以控制海陆之上的所有目标。

对于这样一个要害，德国和土耳其人自然不会允许其这样轻易失手。在得知敌人登陆后，陆军中校穆斯塔法·凯末尔（Mustafa Kemal）——就是后来

∧ 1915 年加里波利半岛附近正在进攻的英军。

∧ 1915 年加里波利，澳大利亚士兵正在使用一把潜射步枪。

的“土耳其之父”——率领步兵向出事地点急奔而去。双方在山崖上展开激战，有时甚至是短兵相接的肉搏。士兵有时会很不情愿，因为下一次进攻之后恐怕很难活着回来，于是凯末尔鼓励道：“我没让你进攻，我让你去死！我们死后，会有其他部队继续进攻。”在凯末尔的鼓励下，土耳其军队开始迫使澳新军队不断后撤，一直撤到了原来的登陆点。但由于伤亡太大，土耳其人也快挺不住了。然而澳新军团指挥官并没有意识到这一点，他只看到己方的失败，于是他向上级报告：登陆宣告失败，请求登船继续撤退。

撤退的请求被得到报告的汉密尔顿否决，他声明：除了像鸵鸟一样挖洞把自己埋起来之外没有其他办法，必须固守阵地，而且必须“挖、挖、挖，挖到你们安全为止”。于是澳新军团开始挖战壕固守，大批的士兵在狭小的临时阵地上拥挤成一团，进也不能，退也不能。他们被围困的地方后来被称为“澳新军团小海湾”。这次加里波利登陆的结局变成了和西线一样的僵局，双方最近的战壕相距只有 15 米，手榴弹可以直接由这边的战壕扔到那边的战壕里。本来认为单靠海军就能解决的这次战役，现在已经有 8 万步兵牵扯了进来，但土耳其人仍然控制着高地。在这种状况下，双方开始不断发起无谓的进攻并不断击退对方无谓的进攻，高喊着“阿拉”并吹着喇叭口哨冲锋的土耳其人伤亡惨重，英法军队的伤亡也不小——达到了 2 万人，其后备部队和炮弹也快用尽。英国海军大臣费希尔抱怨道：“该死的达达尼尔海峡，那个地方是我们的坟墓！”

8 月 6 日夜间，又有 4 个师的兵力登上了加里波利半岛的苏弗拉湾（Suvla Bay）。这些没有作战经验的新兵很轻易就登上了海滩，一点伤亡也没有。这时土军尚未赶到，他们要占领的战略目标近在咫尺，但由于这天是星期日，英国人认为理应好好地休息放松下，于是他们停止了进攻。事后土耳其人在回忆录里写道：“在 8 月 8 日这一整天里，胜利女神一直把大门敞开着，可是英国人却偏偏不进去。没有一个人进去，简直是一片和平景象，好像童子军露营一样。”8 月 9 日，当太阳公公刚刚露头的时候，疲惫的英军开始朝提基堆岭

∧ 凯末尔（1881—1938 年）在一战时只是个师长，但他在战后领导战败的土耳其击败了入侵的希腊和协约国军队，并对土耳其进行了世俗化和现代化的改革，被称为“土耳其之父”。

色雷斯
萨罗斯湾
佯动
爱琴海
加里波利半
协约国推进线
加里波利
第十九师
苏弗拉湾
8月7日
4月25日
协约国进攻方向
伊姆
罗兹岛
第九师
纳罗斯海峡
达达尼尔海
土
Y
4月25日
X
赫勒角
W
V
S
法军的佯动
库姆卡莱
土耳其的水雷防线
1915年4月25日黄昏
协约国军队占领的滩头阵

^ 加里波利战役地图。

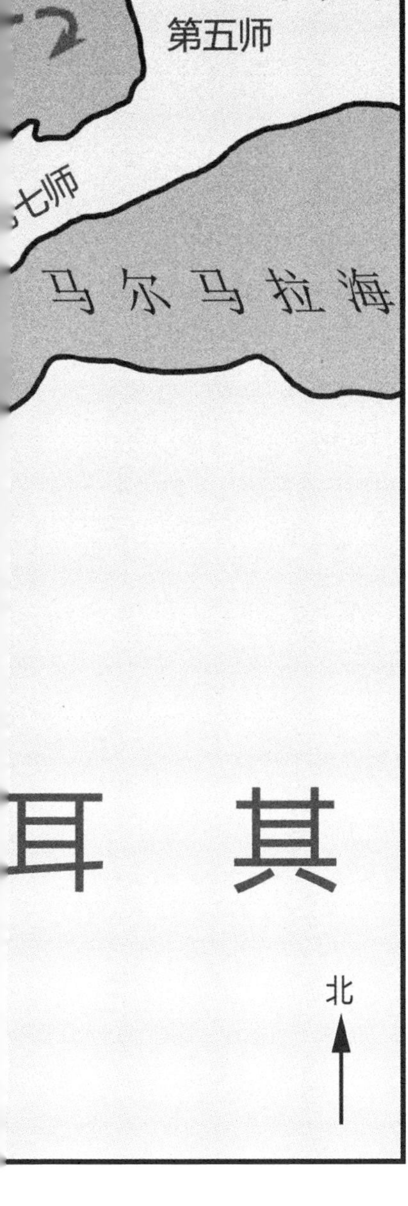

（Tekke Tepe Ridge）进发。他们为了翻越陡峭的山岭已经爬了一夜的山，途中还迷了几次路——占领这个顶峰后他们就能控制整个加里波利半岛。而现在，他们就快要占领它了，昨天的空中侦察表明顶峰无人把守，英军兵力也足够，一旦得手，深陷海滩的澳新军团就有救了。他们端着步枪的士兵爬呀爬，黎明前的黑暗正慢慢退去，天渐渐明亮起来，仿佛曙光就在前面……突然，这些士兵的眼前一黑，一群挥舞刺刀的人影突然钻了出来，向他们猛冲下来。正向上爬的英军一下子被冲垮，他们被吓懵了。这些突然冒出来的影子是土耳其人，他们追杀英国人一直追到山下的海滩。这是怎么回事？侦察不是说山顶根本没人吗？这简直太坑爹了……但这并不是侦察的错，因为土耳其人也是刚刚赶到的，他们在凯末尔的率领下急行军36 个小时——凯末尔本人已经三天三夜没睡觉了——他们只比英军早到了几分钟，就差那么一点点。

11 月底，加里波利下了 24 小时的倾盆大雨，成吨的泥浆带着尸体咆哮着从山上冲下来，老天爷很公平，双方各有 500 多人被淹死在战壕里。大雨之后又是雨夹雪，最后升级成了令人头晕目眩的暴风雪，直到地上的积雪达到一米深。因为根本没有抵御暴风雪的准备，死撑在滩头阵地里的英军被冻伤的人数达到了 5000 人。

为了打破僵局，英国特意成立了“达达尼尔海峡委员会”。委员会的实地调查结果是：赶紧撤吧！

12 月 19 日，英法军队开始从加里波利撤退，虽然进攻很不顺利，但撤退却是出奇的顺利。原本他们预计要损失 30% 的军队，但实际情况是没死一个人——看来英国人确实很擅长撤退，后来二战时期的敦刻尔克、萨洛尼卡和克里特岛的事实有力地证明了这一点。在撤退的这段时间里，每天晚上英国皇家海军都会出动，把海滩上的士兵秘密地运走，一夜又一夜地持续了近一个月，土耳其和德国人竟然没有发现。虽然协约国留下的士兵越来越少，但土耳其军队一直没有发起进攻，不管军官怎样威逼利诱，士兵们都拒绝进攻，因为他们也受够了。

持续 11 个月的加里波利登陆终于结束了，在这个 3 英里宽 40 英里长的战场上，协约国投入了 50 万兵力，有 4.6 万人丧生，而最终什么也没有得到。唯一成功的就是最后的撤退，英国评论家称“这是这次战役中唯一成功的行动”，连德国人都称其为前所未有的“杰作”。

而早在 5 月 13 日的凌晨，在加里波利登陆部队官兵数千万次的“亲切问候”——其实就是抗议——下，海军大臣丘吉尔被迫下课，因为攻击别人的时候总是很爽的，而自己被攻击则会很不爽。他被迫辞去海军大臣一职，被任命为“不管部大臣”——说白了就是未被指派负责某一个部门的大臣，一个不用干活的闲职。“赌气”的丘吉尔又一次辞职，他这次去前线当了一名营长，并在前线发起了一场场爱国卫生运动，成功地消灭了全营的虱子。不过不用担心，他还会回来的，20 年后又是一条好汉！

第八章
新式武器登场

★ ★ ★

"工欲善其事，必先利其器。"

——《论语》

潮水般的士兵端着机关枪爬出战壕，英勇地冲刺，然后他们被每秒发射10发子弹的机关枪成片地扫倒，这个场面将在西线战场上不断地重复。很可怕是吧？什么，你说你可以躲在战壕里不出来？呵呵，你以为那样你就安全了么？还有一样武器，即便你躲在战壕里，它也一样会毫不留情地带你去见上帝——那就是大炮。

∧ 世界自动火器的鼻祖马克沁（Maxim）机枪，屠戮对手的利器，由英裔美国人马克沁发明，每分钟发射400~600发子弹，被称为“死神收割机”。

大炮在这次大战中是杀人的冠军，它杀死的人比其他武器杀死的人都要多。在开战之前，各国就花费巨资制造了各种类型的大炮，并储备了巨量的炮弹——最大的炮弹有1吨重，有种小型炮甚至能像机关枪一样发射炮弹。但是双方很快就发现，巨量的炮弹根本不够用——法军信心满满地认为自己的炮弹储量足够用上3个月，但6个星期后他们就不得不实行炮弹定量配给了。俄国曾骄傲地声称他们有足够的炮弹，平均每门大炮1000发，但没过几天这些炮弹就用光了，因为每门大炮几天时间就能炮击1000次——这说明什么问题？您应该学会推理——那就是在战场上呼啸而来的炮弹数量是多么惊人！也就是说士兵死亡的概率是多么大！密集的轰炸把鲜活的士兵变成了尸体，铺天盖地的炮弹又把这些尸体炸得支离破碎，支离破碎的尸体经过新一轮的轰炸最终混入尘土……雨点一般落下的炮弹发出的巨大噪音让许多士兵患上了“炮弹休克症”，简称“弹震症”——专业的医学名称是“创伤后压力症候群”。其实叫什么名字都无关紧要，这种“症”的症状是时而昏睡时而颤抖时而半瘫痪，还会小便失禁、肠胃紊乱，严重时会失去听觉、视觉和语言能力。一开始，军官将这些人当成精神紧张的懦夫，要不就是装病的胆小鬼，他们命令这些士兵归队，否则就惩罚他们。但这样的士兵越来越多，以至于军官们后来不得不承认这确实是“有病”。这些可怜的士兵们会备受噩梦的折磨，在战后余生里他们也会对噪音感到恐惧，关门的声音、火车的汽笛声、狗的叫声都会让他们不自觉地发抖。这还算好的，承受力不好的士兵干脆精神崩溃——疯掉了。在炮火不断的战场上，大概只有那些被俘虏的士兵稍感安慰，因为他们终于可以休息一下，美美地睡上一觉了，耳膜不用再被持续不断的炮火声折磨，不用眼睁睁地看着自己战友的胳膊大腿满天飞，不用日日夜夜精神紧张地提防了……

而现在严重的问题是没有炮弹了！没有炮弹怎么办？比如说俄国，因为俄国的工业生产能力根本赶不上趟儿，自己生产的那点炮弹无异杯水车薪，于是俄国人就开始向英国购买。虽然英国的炮弹量连自己都不够用，但还是接受了

1. 1917 年 7 月英国诺丁汉郡（Nottinghamshire）弹药厂的工人，他们置身于炮弹的包围中。
2. 正在法国北部弗里库尔（Fricourt）附近的简易铁路上装载并运送炮弹的英国军队。
3. 一战时期德国不同型号的炮弹。
4. 正在制造弹药的妇女。

来自俄国的订单，因为他们急需来自俄国的预付款。

随着战争的不断深入，早已为此感到疲累的双方不再满足于这些常规武器了，因为这些武器你有我有大家都有，于是人们充分发挥自己的聪明才智，一大批更致命的新式武器登场了。

1914 年 10 月，德军开始使用火焰喷射器，这种武器有点像消防员的管子，不过用途大相径庭——后者是喷水前者是喷火，后者是救火前者是放火。火焰喷射器喷出的火焰可以达到 30 米，能瞬间秒杀对手，而且简单易学，可以随时停止喷射火焰。法军对付这类武器的办法是：一枪打爆敌人背的液体储存器，把喷火的敌人变成“火把”，这个“火把”还会向四周喷射，波及周围的战友，

^ 第一次世界大战中的火焰喷射器。

如果对方士兵枪法足够好的话，那倒霉的就是拿火焰喷射器的人了。

1916 年 9 月 15 日清晨，随着一阵轰隆隆的巨响，一群碉堡似的钢铁怪物在西线的索姆河（Somme）地区闪亮登场。这些大家伙从英军阵地缓缓驶出向德军阵地压来，德军士兵拼命地向怪物们射击，但这些家伙不但刀枪不入，还轻易地将他们坚固的阵地工事碾得粉碎。被吓傻眼的德国兵被这群怪物上安装的机关枪和大炮打倒，然后又被碾成肉饼。这些怪物是英军为击败索姆河的德军而隆重推出的新武器，它们就是后来大名鼎鼎的陆战之王——坦克。

这些钢铁怪物是前海军大臣丘吉尔支持的杰作，是他私自挪用海军军费造出来的，为的是突破战场上由战壕、铁丝网和机关枪造成的僵局。因为在西线战场上总会出现这样的困境：要想冲锋就不能瞄准射击，要瞄准射击就不能很好地冲锋，结果总是发起冲锋进攻的那一方被固守射击的那一方打退。于是英国人就想，能不能发明出一种既能冲锋又能射击还不怕敌人射击的武器来呢？于是集火力、机动力和防护力于一体的新式武器就诞生了！它就像一台蒸汽驱动的拖拉机，也可以说是带着机关枪的装甲车，或者叫“战壕翻越车”。形象地说它就是一个装着士兵和机关枪的巨大铁盒子，每小时可爬行 5 千米。样子就像个巨型的癞蛤蟆。这个 28 吨重，配有 2 门大炮、2 挺机关枪的家伙被称为“陆舰”，顾名思义就是陆地上的舰艇（Landship）。为了保密，大家决定给它起个代号，比如“箱子”“桶子”“罐子”，后来决定用“水车”这个名字，由于英语“水”（water）和“车”（car）两个单词的开头字母分别是 W 和 C，所以这一研究小组被简称为 WC 小组。后来大家觉得这实在太不

^ Mark Ⅱ型坦克，该坦克分雌雄两种：雄坦克配备了火炮，专门打堡垒；雌坦克只配了机关枪，负责对付步兵。

^ 战场上的坦克。

^ 一战中，中国劳工正在法国坦克维修中心清洗坦克。

文雅了，所以战争部的官员开始声称这是准备运往俄国的特殊移动式水箱，即“Tank”——音译过来就是“坦克”。

但英国陆军大臣基钦纳（Kitchener）很怀疑这种既难看又笨重的新武器的效果，他认为坦克只不过是个“可爱好玩的机械玩具”而已，根本不能与既帅气又拉风的骑兵媲美，所以拒绝接受它。一些军事要员甚至建议发明它的斯温顿（Swinton）上校去写科幻小说。

事实证明，这种新式武器还是很有效果的，坦克不但能掩护步兵，而且不怕机关枪，可以突破敌人的阵地，还能碾平敌人的铁丝网，一直能开过敌人挖的壕沟——坦克后面背的木材可以用来填在壕沟里当便桥。因为没有通讯设备，只能用信鸽相互联系。

但这些大家伙实在不靠谱，第一次亮相，36 辆坦克就有一半因机械故障动不了，而且能动的 1 个小时只能走 6 千米。但即使这么慢，英军还是在它的帮助下在 5 个小时里向前推进了 5 千米，这等于 1915 年协约国在西线向前推进的总和。

然而坦克并没有起到决定性的的作用。丘吉尔和劳合·乔治认为一定要生产出数量足够多的坦克才能投入战场发挥奇袭的作用，但黑格坚持要马上使用，谁也说服不了他，于是原先的设想泡汤了。虽然坦克的出现把德国人吓得够呛，但数量太少的缺点使它并没有发挥出期望中的效果。最重要的是德国已经知道了敌人的这种新式秘密武器，有了准备。这种陆上巨兽想要大显身手称霸武林还要等到 20 多年后的下一次大战。

既然陆地上的战线陷入僵局，双方就开始将战场扩展到空中，于是飞艇隆重登场了。

这就是齐柏林（Zeppelin）伯爵研制出的齐柏林飞艇，它由铝制骨架和十几个充满氢气的气囊组成，外面蒙着绸布，就像个巨大的氢气球，有 200 多米长、20 多米宽。下面由汽油发动机推动，可以携带成吨的炸弹。1915 年 5 月，齐柏林飞艇首次空袭了伦敦，炸死了 7 个人后还扔下一张霸气的传单：

我们已经来过，而且还要再来。不投降就是死！

——德国人

巨大的飞艇把英国人吓坏了，这引发了伦敦的大恐慌，因为英国本土还从未被敌人袭击过。此后德国飞艇晚上来早上走，时常来骚扰。为了防御空袭，英国制定了《国土防务法案》，法案规定晚上不能点亮任何东西，以防敌人发现目标。晚上在街上点烟会被罚款，地方法官对此的解释是：飞行在 600 多米高空的齐柏林飞艇可以看到一根点燃的火柴。而且也不能在大街上笑，狗也不允许叫唤，关门的声音也不能太大，因为这都会引起齐柏林飞艇的注意……但怎么对付齐柏林飞艇呢？报纸上教人们晚上在乡间空地上点火吸引飞艇的注意，把它吸引过来后用飞机聚而歼之。这样确实有效果。但齐柏林飞艇被击毁后，几乎所有的小孩都跑去捡飞艇的碎片，英国政府不得不下严令禁止这么做。

到 1916 年 10 月，齐柏林飞艇在 18 个月里向英国扔了近 200 吨炸弹，只

〈 齐柏林飞艇可以充 56000 立方米的氢气，装有 2 个 16 马力的发动机。它的前身是氢气球。

炸死500多人，自身损失飞艇80艘，这无疑是赔本买卖，因为这个大气球不但造价昂贵而且问题多多：首先这个大个头的气球很不安全，因为它飞得又笨又慢——准确地说不是在飞，而是在飘，所以很容易被飞机击中，只要一丁点火星碰到氢气，就会着火引起大爆炸，最后烧得啥都不剩——连铝制骨架都会被烧化掉。其次，这个大气球一遇到大风就真像气球一样被吹得不知道飞哪儿去了：1915年10月20日晚上11艘齐柏林飞艇夜袭伦敦，结果有3艘被大风吹得一去不回，2艘被吹到了法国——1艘被高射机枪打了下来，另一艘在法国南部坠毁。最后德国人才意识到，飞艇战是无效的，未来的天空属于飞机。

大战开始之前，飞机这种新生事物诞生才11年，还只是一堆蒙上帆布的木架，前端有个螺旋桨，只能飞1500~3000多米高，时速仅96千米。大风甚至可以把它吹散架。为了防止冬天飞机发动机里的润滑油被冻住，只得用蓖麻油代替润滑油，而这种蓖麻油发出的烟雾会直接喷在飞行员脸上，让人要多难受有多难受——吸入这种烟雾1个小时就等于喝了几勺的泻药。

战争刚开始时，法德两国各有200来架飞机，英国则有不到100架。一开始，这些能飞的新式武器只负责空中侦察，因为双方都想知道对方在战壕后面干什么。他们飞到敌人阵地上空，拍下他们的位置。法军飞机就曾侦查到德军向巴黎进军的动向。后来飞机开始负责指引大炮的轰击方向，有时还向对方阵地撒撒传单，譬如："欢迎你们过来，保证以礼相待！别做笨蛋，鸡蛋是碰不破石头的！"或者是一些黄色的传单——不是它的颜色是黄的，而是它的内容是黄色的，这些"武器"是用来扰乱对方身心、涣散敌人意志的。比如说传单上画着一个脱光了衣服的女人正向一个小伙子投怀送抱，下面写着："你在前线卖命打仗，你的妻子却在后方打情骂俏，给你戴绿帽子！"诸如此类。

既然双方都有飞机，那么如果两家的飞机在空中相遇的话该怎么办呢？一开始，双方的飞行员在天上遇到的时候会很有骑士风度地互相招手问好。但有一次，当德方的飞行员向对方招手致意时，另一方的法国飞行员伸出手指对其做了个鄙视的手势，于是德方飞行员被惹恼了，他开始开着飞机猛追对方，对方也不甘示弱地跟他在空中兜起了圈子。最后德国飞行员忍无可忍拔出手枪给了对方两枪，法方也毫不示弱地给予回击。几十声枪响后，双方子弹都用完了，但谁也没打中谁，于是两人就各回各家了。这次空中斗殴事件给了双方领导人一个大启发，他们发现，如果能把对方的飞机和飞行员打下来，那岂不更爽！于是，空战开始了。

在空中相遇的双方飞行员都想击落对方的飞机，于是他们就互相投掷石头和飞镖，既砸螺旋桨又砸飞行员。后来干脆在飞机上配备了机关枪，这些司机——当时的飞行员一般都是汽车司机，因为当时的人觉得这样更保险一些——负责驾驶，他们身旁搭载的乘客则负责用步枪或机关枪射击对方。于是飞机中的战斗机诞生了！

但是这又出现了一个问题，那就是飞行员一不小心就会把自己乘坐的飞机击落，我不是说他们视力不行，而是当时的飞机头部都是挨着螺旋桨的，一不小心子弹就会击中自己的螺旋桨。于是人们在螺旋桨的叶片后面装上了钢板，以防止这种情况发生。但更可怕的事情又来了——螺旋桨的叶片会把射出的子弹反弹回来，如果运气不好的话，反弹回来的子弹也许会击中射击者的脑袋。后来发明了定时齿轮——当螺旋桨和机枪在一条直线上时机枪就不会发射——才解决了这个要命的问题。后来人们又发现，如果己方的飞机把对方的飞机都击落了，对方就无法准确知道己方正在进行的战争准备，而自己却会对敌人的行动了如指掌，这样他们就获得了对这一空间的控制权，这就是所谓的“制空权”。

虽然战斗机飞行员的待遇很好，但危险系数也很高，一个微小的失误就可能机毁人亡，于是飞机被大家称为“飞行的棺材”。在这个棺材里死亡的方式有两种，要么被烧死，要么从天上掉下来摔死——因为当时还没有降落伞。你是想被活活烧死在飞机机舱里呢，还是从机舱里跳下来摔死？大多数飞行员选

︿ 德军侦察机的侦查员配备有机枪。

︿ 战场上的英国双翼轰炸机。

择了后者。

后来飞行员逐渐发现，由飞机上向下投砖头也是一个不错的选择，这样可以砸伤地面上的敌人——也有自以为准头好的飞行员干脆向下边投飞镖，如果投中的话会将地上的人的脑袋劈成两半。后来他们又发现，其实向下投炸弹才是最好的选择，于是，轰炸机诞生了！

有了轰炸机之后，双方开始互相轰炸，不但轰炸前线的战壕，还轰炸后方的城市。为了保卫巴黎，法国人还不惜成本特意在马恩河环形地带两岸建造了一个模拟的城市“小巴黎”，用来欺骗德国的飞行员——为了吸引扔炸弹的飞机，还特意加上了明显的界标，提醒德国飞行员：这就是巴黎！后来由于轰炸太频繁了，英国国防部干脆发布了通知，决定以后不再发出任何空袭警报。

到战争结束时，协约国共生产出了 8000 多架飞机用于作战，其中英国 2600 架、法国 3800 架、意大利 800 多架、美国 470 架。而德国只生产了 2800 架——加上奥匈帝国的 600 架才 3000 多架，和陆地上的战争一样，德国的空中力量同样经不起消耗。

机枪大炮坦克飞机都不能一下子置对方于死地，双方都恨得牙痒痒，于是另一种可怕的新型武器粉墨登场。这种夺命利器第一次成功露脸是在 1915 年的伊普尔，那天刚好是日落时分的黄昏，夕阳西下，一片沉寂，已经被炮火轰成断壁残垣的小镇显得既阴森又恐怖，就像个鬼城。法军士兵向对面德军的例行谩骂也没有得到积极的“互动”和“回应”。正在法军感到纳闷的时候，突然一串恐怖的炮声划破了寂静的天空，不久，骂娘的法军士兵就闻到了一股莫名其妙的香气，接着他们就看到两股一人高、幽灵般的黄绿色烟雾墙以每秒数米的速度向他们飘来，然后又慢慢地飘散，向前浮荡，直到变成一片蓝色的浓雾。法军士兵猝不及防，立马中招，许多人当即倒地抽搐，还能迈动腿的则惊恐地向后方奔窜。这种他们还从未见过的杀人武器，就是毒气。

虽然《海牙协议》禁止在战场上使用毒气弹或投射毒气，以及任何能让气

RÉPUBLIQUE FRANÇAISE

GRAND QUARTIER GÉNÉRAL
DES
ARMÉES FRANÇAISES

SERVICE AÉRONAUTIQUE

INSTRUCTIONS

En cas d'atterrissage d'Aéroplanes sur le territoire de la Zone des Armées

Marques distinctives. — 1° Les aéroplanes alliés portent une cocarde tricolore sous les ailes et à chaque extrémité, et des bandes tricolores à la queue.

COCARDES FRANÇAISES

COCARDES ANGLAISES

COCARDES BELGES

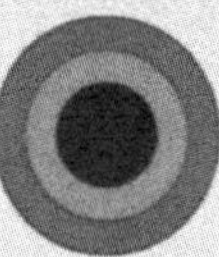

2° Les aéroplanes allemands ont comme insignes la Croix de Malte sous chaque aile, sur le fuselage et la queue.

CROIX DE MALTE PEINTE EN NOIR

Tout aviateur atterrissant dans la zone des Armées, en dehors des terrains d'atterrissage, doit décliner ses nom et qualités et présenter sa carte d'aviateur militaire aux autorités militaires ou civiles qui se présenteront. Le pilote sera responsable des déclarations d'identité des passagers.

Atterrissage d'Aéroplanes français ou alliés. — Si l'atterrissage a lieu à proximité d'une garnison, le Commandant d'Armes fera assurer le gardiennage de l'appareil. Lorsque l'aviateur atterrit loin d'une garnison, mais à proximité d'une Brigade de Gendarmerie, le Chef de la Brigade assurera, s'il le peut, la garde de l'avion au moyen de son personnel, ou procurera à l'aviateur des hommes de confiance. A défaut de Gendarmerie, le Maire de la commune doit faire assurer le gardiennage de l'avion dans les mêmes conditions.

Atterrissage d'Aéroplanes allemands. — En cas d'atterrissage ennemi, le Commandant de la Brigade de Gendarmerie ou le Maire de la commune s'assurent de la personne des aviateurs ennemis et en préviennent immédiatement le Général commandant l'Armée ou la Région.

En cas de velléité de remise en marche de l'aéroplane, user de violence pour empêcher le départ, en brisant soit la queue de l'aéroplane, soit une roue.

L'aéroplane doit être conservé intact jusqu'à l'arrivée des Autorités Militaires compétentes.

Au G. Q. G., le 22 Avril 1916.

Pour le Général Commandant en Chef,

Le Major Général,

PELLÉ.

∧ 1916 年 4 月 22 日发布的关于飞行员进入盟国领空的程序以及英国、法国、比利时和德国空军识别标志的海报。

战争中被摧毁的城镇。

体燃烧的发射物，但德军根本没遵守——而且把规定都违反全了。当协约国指责德国丧心病狂违反国际条例时，德国方面则声称他们使用的钢瓶毒气不属于“投射”。1915 年的时候，德军就开始使用毒气，先是黄绿色的氯气，后来升级到无色的光气，终极版则是芥子气。

氯气中毒的士兵喉咙里会有一股热油的气味和烂梨子的味儿，会剧烈地咳嗽，好像要把自己内脏咳出来。由食道进入人体的氯气会使人恶心、呕吐、胸口疼痛和腹泻。它能使呼吸道黏膜浮肿，大量分泌黏液，造成呼吸困难。严重时，会发生肺水肿，使循环作用困难而致死亡。

光气比重是空气的 3.5 倍，而且比氯气的杀伤力大 10 倍，能起到让人心脏总崩溃的效果，在通风的地方它也要 3~6 个小时才能消散。这种毒气的最大特点是可以杀人于无形，因为它没有颜色你根本看不见它。

1918 年，德军又发明了有芥末味和大蒜味的毒气芥子气——大名叫二氯二乙硫醚，号称“毒气之王”。这种毒气是一种糜烂性毒气，没有颜色，但像油一样黏糊糊的，能让接触到的人全身起泡溃烂，尤其是当毒气和泥水混合到一起时，效果更佳更持久。中了此毒的士兵被警告不能用手抓挠被感染的皮肤，以免过敏部位蔓延，但瘙痒难忍的士兵根本控制不住自己的手，他们会疯狂地抓挠瘙痒部位，撕扯挠破的伤口，直到最后毒发身亡。一直到现在，都没有有效治疗芥子气中毒的办法。

为了攻破敌人的防毒面具，德国人还研发出了一种可以渗透防毒面具的呕吐性毒气，这种气体可以让戴面具的人猛打喷嚏，恶心呕吐，让他们自己扯掉防毒面具，从而中毒身亡。

俗话说兵来将挡，水来土掩。为了应付德军的毒气攻击，一开始，法军采取燃烧柴火让毒气转向的方法，但很快他们就放弃了，因为根本不管用。后来军中又准备了很多桶硫代硫酸水，将纱布在水里浸湿之后装在小布袋里，然后用两根绳子绑在耳朵上当口罩用。这样鼻子和嘴是保住了，那眼睛呢？为了保

护眼睛，还得准备一副驾驶员的眼镜。一开始协约国还搞不清楚怎么用防毒面具，于是前线的士兵接到了前后矛盾的命令：一开始说明书上说防毒面具应该浸湿后用，后来又说必须保持面具的干燥性；开始说要把面具放在小背包里，后来又规定不要用什么小背包……一直到 1915 年 10 月的时候，协约国才从他们的敌人那里知道怎么做有效的防毒面具，因为他们抓到了几个戴橡胶防毒面具的德国俘虏。11 月的时候，法国人又发明出了一种新的防毒面具，这种面具有一个在眼睛处蒙着玻璃纸的风帽，里面还有可以塞住鼻子的含有好几种不同防毒纱布的棉栓来过滤毒气，样子就像一个猪嘴。这种玩意儿虽然很有效果，但戴起来特别不舒服，戴了的人会憋得不断地流泪。由于不透气，呼出的

受伤的士兵排成队列走出遍布尸体的战场，他们虽然在残酷的战争中得以生还，但毒气战已彻底改变了他们的人生。

热气很快就让眼镜片模糊成一片。戴这种防毒面具的缺点总结起来就是：无法正常呼吸；被雾气蒙住的云母镜片让人无法看清眼前的东西；不透气造成汗水不断，像是洗桑拿浴。

由于毒气的频繁袭击，士兵们养成了在战场上养金鱼的好习惯。金鱼并不是他们的吉祥物，也不是为了能吃上水煮鱼，而是水和鱼都有用——水用来洗用过的防毒面具，如果洗过之后鱼死了，那就证明没洗干净。

为了以其人之道还治其人之身，协约国也开始使用毒气，但由于有时毒气不够用，他们就会点燃烟雾来冒充毒气，以虚虚实实的战法来麻痹敌人。后来双方都被搞得草木皆兵神经兮兮的——只要一看到烟飘过来就赶紧戴防毒面

∧ 一战期间像猪嘴一样的防毒面具，它的原型就来源于野猪，因为野猪在遇到毒气时会把嘴拱进泥土里，通过泥土的颗粒吸附过滤毒气。还有给马和驴戴的型号。

∧ 戴着防毒面具的德国骑兵。

∧ 戴防毒面具削苹果皮的美国士兵。

具，采取紧急措施。这种武器一开始颇有效果，不过慢慢地大家就都习惯了，因为大家都有了防毒面具。而且释放毒气还得观测风向，比如点一支香烟通过看烟圈飘向哪儿来判定风向，但这根本不准，因为风向会东风转西风西风转南风南风转北风地乱变，英军在卢斯（Loos）会战中就有过惨痛的教训，发生过由于风向突变导致毒气回流，自家士兵被熏翻的悲剧。由于释放毒气不好掌握风向，于是双方又都不约而同地想到了把毒气装到炮弹里——就是用《海牙协议》里明令禁止使用的投射方式，一切禁忌都已被抛在了脑后。到大战的最后一年，德军 50% 的炮弹都充了毒气。在整个大战期间，双方投射的毒气达

∧ 德国士兵正在装填毒气弹。

13 万吨，毒气造成的伤亡超过了 100 万。

虽然群殴的双方绞尽脑汁发明新式武器，但飞机、坦克、毒气的轮番登场并没有取得决定性的突破，正像鲁登道夫说的那样：“新武器是够讨厌，但不是决定性的。”最后的胜利取决于拼消耗，取决于谁的血够多，谁能熬到最后。

∧ 一名德国士兵正在为 SKL/45 38 厘米德军列车炮 "Max"（也被称为 Langer Max）装填弹药。摄于 1918 年。

1

3

4

1. 正在装载燃烧弹的英国 R.E.8 侦察 / 轰炸机，准备进行夜间突袭。
2. 两辆行进中的英军坦克。摄于 1917 年。
3. 一名德军军官正在接听野战电话，两名士兵正在为其架设电话线。
4. 法军的摩托化重机枪组，每组车包括一名驾驶员和一名机枪手。
5. 德军的无线电站，士兵们用自行车发电机为其提供电力。摄于 1917 年。

第九章
继续死磕

★ ★ ★

“英国军队既无钟表，也无日历。”

——劳合·乔治回答记者何时才能结束战争的提问

1916年2月21日早晨7点刚过，距巴黎150英里外的德军防线后的1200门大炮齐发，揭开了一场大战的序幕——在1915年寻求破局的努力失败后（协约国军队没有攻下加里波利，德奥联军也没能打垮俄国），双方又都不约而同地把胜利的希望重新押在了西线上——共有10万发炮弹以每小时每英里12500发的密度密密麻麻地倾泻在法军的阵地上。在这场“炸弹雨”的“滋润”下，法军所在的森林被炸毁，有的地方甚至被炸出了喷泉，炮弹吹着口哨在天上飞，仿佛地狱里魔鬼的嚎叫。在持续了几乎一上午后，这场“炮弹雨”突然就停止了。这使法国人松了一口气，他们以为轰炸开道之后就该是步兵进攻了——因为这是惯例——于是躲在战壕掩体里的法军士兵都露出头来，准备迎接德军步兵的进攻。但他们错了，这只是德军引蛇出洞欲擒故纵之计，他们看到露头的法军之后立即明白了敌军所在的位置，于是立即指引大炮轰击法军露头的位置，法军被打得晕头转向。血腥的凡尔登战役开始了。

这次战役的地点是德国总参谋长法金汉精心选择的，他利用了霞飞为达目的不惜代价的特点，决定引诱法军进入他们不得不救的阵地，然后用大炮来迎接他们。法金汉的算盘是：既然打不到巴黎，就把法国士兵杀光，让“法国人流尽最后一滴血”。法国士兵死绝了，他们也就没戏了。那么怎样才能让法国士兵死光光呢？法金汉把屠场的地点选在了巴黎东面的凡尔登（这次战役的代号就是“处决地”），这里是巴黎西部的门户，只要德军去攻击，法军必定会死守，正好可以在这里将他们的主力聚而歼之。最后法军会因伤亡达到不能接受的程度而求和。用法金汉的话来说，这次行动将使法国失血过多而亡。和法金汉预计的一样，法军坚守不退，虽然暂时撤退可以赢得战略优势也不退，于是法军伤亡人数迅速飙升，前5天里就超过了2.3万人——其中2万人“失踪”，他们可能多数被大炮炸得没了影儿，连尸体都没留下，许多人还没有看到敌人就被炸死。而德军的前锋只伤亡失踪了2000人。

到2月24日的时候，法军战线开始崩溃。前一天晚上，位于马斯河（Meuse）

＜前往凡尔登的法军骑兵。

东岸萨莫尼厄（Samogneux）外围的法军士兵被进攻的德军击退，这其实并没有什么，因为胜败乃兵家常事，而且被击败的只是一小组法军，萨莫尼厄城依旧在法军手中，但这些惊慌失措地逃跑的士兵逢人就说萨莫尼厄已经被德军攻陷了。法军指挥官听风就是雨，听说萨莫尼厄已经“陷落”，不假思索，立即下令反击。午夜的时候，法军大炮开始轰击德军“占领”的萨莫尼厄城，法军的炮弹呼啸着落在城中法国守军的头上。这简直等于帮助德国人攻城。早晨4点左右，德军真的……这次是真的占领了萨莫尼厄城。在此之后，德军连破法军两道防线，法军增援部队虽然不断抵达，但因为指挥不当，已陷入一片混乱。“只要德军的打击再稍微重那么一点点，法军就会崩溃。”一位目睹战争现场的法军司机如是说。法军指挥官德卡里（Decary）向霞飞要求撤退，即放弃马斯河东岸的全部阵地。霞飞接到该请求时正在吃晚餐，他淡定地回复说德卡里可以自己看着办，然后继续淡定地享用他的法式晚餐。

霞飞享用完他的晚餐后，他又接到卡斯特劳将军的建议——由于战局正在恶化，需要亨利·菲利浦·贝当（Henri Philippe Petain）的第2集团军支援凡尔登西岸。霞飞同意了。但当要求第2集团军支援的电报发至贝当的总部时，贝当却不知所踪，没人知道他去了哪儿，因为他走的时候没有告知任何人，最后还是最了解他的副官找到了他。这位副官连夜驱车赶回巴黎，凌晨3点左右的时候，他在北汽车站旅馆的一间客房里找到了60岁的贝当——在这间客房外，他发现了上司的黄色军靴，而在军靴旁边还有一双女士拖鞋。当副官敲响门后，开门的正是贝当，不过是穿着睡衣的贝当——他还听到屋子里有女人的声音。副官立即把电报紧急呈上，但正在开房的贝当反应却很淡定，他让副官找个房间休息，有什么事儿早上7点再说。

> 贝当（1856—1951年）在一战爆发前只是个团长，但到战争结束时他已经成了法军总司令，被誉为“拯救法兰西的英雄”。但在二战时这位“法兰西的救星”却做了“法奸”，投降了纳粹德国，成了希特勒的傀儡。

不过贝当没有辜负霞飞的期望，他抱病发号施令，重组了凡尔登的防御。首先他给前线划定了一条督战线，下令不许退过此线。同时他开始禁止法军攻击易守难攻的阵地，不做无谓的牺牲，并下令一旦德军突破防线，法军士兵可以后撤到足够远的距离，然后组织力量反击。他已经意识到此次战争胜负取决于供给，而法军本土作战占有优势，只要供应跟得上，保证耗死德军。

为了改善士兵的伙食，贝当发明了世界上第一辆野战炊事车，以保证前线士兵躲在湿冷的战壕里也能吃上热乎乎香喷喷的饭菜。为了加强对凡尔登的供应，贝当和他的参谋还搜罗来了 6000 辆卡车，以每 14 秒 1 辆的速度将军需品送到凡尔登。为了保持道路畅通，路上抛锚的卡车被直接推到路旁的壕沟里。他们利用卸下货物的卡车把老兵运回后方，新兵则源源不断地被送到前线——法军总兵力的 3/4 都到过凡尔登——这样前线就新兵不断，保持了士气与体力。后来这条运兵的二等公路也被称为“圣路”。

由于贝当的措施得当，德国人在凡尔登的推进被挡住了。2 月 27 日，激战一天的德军毫无进展。由于春季解冻，德军运送物资的道路变成了烂泥塘，而法军的远程大炮又把烂泥塘轰得更烂，德军前线需要的炮弹无法及时运达，其攻击力开始减弱。3 月间，法军向德军发射出的几十万颗炮弹中，又有一颗中了大奖，这颗射偏的炮弹碰巧落在了德军隐蔽在森林里的弹药库里，引发了 45 万枚炮弹的爆炸，这让德军的弹药更加紧缺。而啼笑皆非的是，由于法国领导人不知道这颗炮弹带来的辉煌战果，这位发错炮弹的士兵还遭到了处罚，罪名是浪费炮弹。

虽然运输线遭到法军大炮的毁坏，但德军并没有反击，我是说德军并没有以牙还牙以血还血以其人之道还治其人之身，他们的大炮没有轰击法军的供应线，占优势的空军也没有出动。而此时法军的供应线上因为车辆物资太多已经拥挤不堪，堵得像个停车场，要是打的话一打一个准，但是德军没有这么做——别问我为什么，我也不知道——于是法军士兵和武器源源不断地送达凡尔登。

德军攻陷凡尔登的希望逐渐化为泡影，战争开始陷入另一个僵局——德军在4月9日发射出了7列火车的炮弹，但并没有用。德国皇储威廉后来感慨万端地写道："凡尔登就像马斯河上的磨坊，碾碎了我们士兵的身心。"这场战役后来也被称为"凡尔登绞肉机"，或者叫"人体磨坊"。虽然法国的血流了不少，但德国的情况更糟糕，因为德军人数没有英法加起来多。

在凡尔登的诸多要塞中，要数杜奥蒙（Douaumont）炮台最为坚固，它是个由厚达近3米的坚固岩石保护的要塞，不但地面上有堡垒，地下也有，要塞外的围墙上还写着振奋人心的口号："杜奥蒙固若金汤！进来难，活着出去更难！不信就来试试！"

这个铁一样的堡垒遇上了德军铁一样的军队——德军第3集团军第24团号称"铁24团"，他们的领导做自我批评的时候说："我们这个团最大的缺点就是太勇敢了。"在正面强袭不奏效的情况下，这个团的军官康兹带了9个人，采取了避实就虚之计，不从正面强攻，而是从一扇已被放弃的不起眼的铁门里溜入要塞堡垒的内部，一下子俘虏了要塞里的60个法国兵，一枪也没放。这个结果连他们自己都惊呆了，因为他们估计这个坚固的要塞里至少会有4000人防守。为了庆祝这一"辉煌"的胜利，德国方面特意把这一天定为法定假日。

为了应对危局，协约国在1915年底召开了高级指挥官作战计划会议，在这次会议上，俄国人提出订立盟友间必须相互救援的协议，因为俄军在波兰被德军击溃的时候，西方的盟友竟然坐视不管。俄国人的这一提议立即得到了英法的积极响应，因为他们现在正急需这样的援助。在达成这一提议后，法国政府立即敦促俄国政府遵守新协议，要求其在东线发起攻势以解凡尔登之围。

虽然俄军困难重重，士兵缺乏训练、缺乏武器、缺乏补给、缺乏士气……但沙皇却很够义气，他立即下令营救西线的法军，因为他唯一不缺的就是人。1916年3月18日，5倍于德军的俄军在立陶宛首府维尔纽斯（Vilnius）附近发起了攻势，首先是大炮的轰击，这次的纪录是8小时内发射出了近4万发炮弹，但由于缺乏侦察，炮弹都落在了没有德军的地区。接下来是步兵冲锋，俄国士兵在没膝的融雪中冲向德军阵地，德军则躲在防御工事中对其扫射，这些身穿薄薄的冬衣——如果可以叫冬衣的话——的俄国士兵不是死在敌人的枪口下就是冻死在了寒冷的雪地里。且俄国的牺牲根本没有影响凡尔登的战局，东线的德军可以轻松地搞定他们而不必从西线抽调部队。

虽然霞飞不待见只是防守而不进攻的贝当，但他却无法免其职，因为贝当的措施相当有效，法国群众已称其为“凡尔登的英雄”。不能免职就把他调走，总是有办法的。10 月，霞飞以提升贝当为名把他调离凡尔登，由罗伯特·尼维勒（Robert Nivelle）代替。到 4 月底时，法军在凡尔登已伤亡 13.3 万人，

^ 战场上的俄国军队。

∧ 1916 年在兰斯前线堑壕中的第 2 特别团士兵。

德军伤亡 12 万，虽然法军损失更重但他们的防线却并没有崩溃，法军士兵坚定地守住了阵线，因为他们背后的军官正拿着枪对着他们，谁企图逃跑谁就会挨上一枪。于是这场战斗变成了精神病人之间的战斗，士兵们不再恐惧，因为他们已经麻木了，连伤员也固执地拒绝离开战场——直到因流血过多而昏迷。

5 月 8 日，德军占领的杜奥蒙要塞发生了爆炸，650 名德军士兵被当场炸死，活着逃出堡垒的少数德军更倒霉，他们刚一跑出来就被外面的战友开枪击毙了，因为他们的脸被烟火熏得漆黑，以至于被当成了法国非洲军团的黑人士兵。后来的分析显示，杜奥蒙要塞之所以爆炸，可能是堡垒内的一个士兵打开了一个手榴弹，想取出点炸药热咖啡提提神，热咖啡的火引燃了储藏室内的手榴弹，手榴弹引燃了火焰喷射器的燃料罐，燃料罐引燃了庞大的弹药库……这次意外事故警示我们：一定要注意防火安全。

就在德军将领为是否结束凡尔登战役而争论不休的时候，康拉德又来添乱了，他要求德军帮助他进攻南部的“意大利狗”——他这样骂意大利人（意大利人回敬他们“奥地利猪”）——因为新参战的意大利正在蚕食奥匈帝国南部的领土，这是他无法忍受的，他要教训一下这个背信弃义的盟友。从 3 月 11 日开始，意大利发起了第五次伊松佐战役，但同前四次一样，他们继续在伊松佐河谷的悬崖前碰壁。这让康拉德的自信心立马爆棚——总算逮到个比自己更无能的对手了。但法金汉坚决拒绝了康拉德的要求，他指出虽然征服意大利很容易，也会给奥匈帝国带去欢乐，但对赢得整个大战并没有帮助。他不再向康拉德透漏任何军事机密，因为他不再信任这个老是添乱的猪队友。这使康拉德很气愤，于是他决定单独发动进攻意大利的战役，为了报复德国人，他决定也不把自己的作战计划告诉德国人。

为了教训意大利人，康拉德特意从加利西亚对俄前线秘密抽调了 6 个师的兵力南下，因为他认为俄军在加利西亚被德军击败后不再是个威胁，而对于前线的作战，他采取了遥控指挥的方式，在离前线 600 英里外的西利西亚，他发出详细的指令，规定每个师在什么时间什么地点怎样发起进攻。对于来自前线的咨询和建议，他概不理会，纸上谈兵的他只负责在地图上标出每支部队每天必须实现的目标。虽然奥匈军队损失很惨重，但他们还是取得了不小的战果，3 周内他们就俘虏了 4000 人，这迫使意大利内阁倒台。意大利国王亲自打电话向沙皇求救，谁让俄国人多呢。

6 月 4 日，助人为乐颇讲义气的俄国人调集 130 个师在东线向奥地利军队发起了反击，虽然他们打不过德国人，但打奥地利军队还是绰绰有余。俄国指挥官布鲁西洛夫（Brusilov）没按常理出牌——俄军没用大炮轰击做前奏就发起了进攻。布鲁西洛夫把后备队安排在靠近前线的地方，这样一旦发现敌人防线上的弱点，后备队就会及时猛攻这个弱点，从而重击敌军。在 51 万俄军的

> 俄国西南方面军司令布鲁西洛夫（1853—1926 年）称得上是第一次世界大战中俄国最优秀的指挥官，不是他太聪明，而是同事普遍太无能。十月革命后他投奔了列宁，成为工农红军骑兵总监。

进攻下，加里西亚的 2 个奥地利集团军被完全打垮，溃败的他们甚至连重建新防线的机会都没有,因为他们的后备队正在阿尔卑斯山以南和意大利人作战呢。奥匈军队中成群结队的少数民族士兵——尤其是斯拉夫人——欢呼着向俄军投降，其中就有后来南斯拉夫的领导人铁托（Tito）。

就在奥匈军队 40 万人主动被俄军俘虏的时候，他们的指挥官和总司令康拉德正在后方开生日 Party——这天正好是康总司令的生日。虽然康拉德淡定地告诉其他人不必担忧，但在生日过完后他还是匆忙地赶到柏林去求救。

康拉德的来访使得法金汉气不打一处来——这个时候德军正在凡尔登和协约国打得热火朝天不可开交，战役正处于关键时刻，但是现在他不得不抽调出 18 个师的兵力增援东线，去挽救这个盟友，不管他怎样蔑视讨厌和不愿意，因为康拉德暗示——或者“威胁”——说如果没有援助，奥地利就不得不与协约国单独停战了。虽然同意给予奥地利援助，但法金汉提出了一个条件：所有

∧ 布鲁西诺夫攻势中的俄国步兵。

＜奥匈士兵在罗马尼亚边境向俄军投降。

军队都由德国指挥官指挥。这次轮到康拉德气不打一处来了，在大发了一顿脾气之后，他还是答应了。

布鲁西洛夫的这次大胜也震惊了俄军总司令部，因为没有一个人对他的这次进攻有信心，所以后勤和物资供应根本没准备好。中央集团军的司令埃弗特（Evert）干脆拒绝出兵配合，因为他认为即使行动也赢不了。6 月底，已经疲惫无力的俄军被迫止步在了喀尔巴阡山口，他们已经付出了 100 万人的巨大代价，这次胜利也虎头蛇尾地结束了。

康拉德一再“搅局”，法金汉的忍耐已经达到极限，他怒火中烧地告到了维也纳，一定要把康拉德搞下台。而新继位的奥匈帝国皇帝、约瑟夫的侄孙卡尔一世（Karl Ⅰ）正对刚愎自用、屡战屡败的康拉德不满意呢，于是干脆罢免了康拉德的总参谋长职位，把他打发到了意大利前线。不过法金汉也没有高兴几天，因为不久他就遭遇了和康拉德一样的命运——被罢免了总参谋长的职位，外放到巴尔干。

6 月 22 日，法金汉在凡尔登投入了最后一支后备部队，大炮轰击之后是毒气——这次释放的是光气。23 日早晨 5 点，德军步兵开始进攻，突破了法军的中心防线，贝当不得不下令法军放弃马斯河东岸。此时德军距凡尔登前面的最后一道山梁只有 1000 多米了，但他们却无法登上山顶，因为他们的后备队已经坐火车赶往东线的加利西亚了——是俄国人或者说是康拉德间接地挽救了凡尔登的法军（4 月，德军在西线有 125 个师，东线只有 47 个；到 8 月时，德军在东线增加到了 64 个师，西线只留下了 119 个师），如果法金汉手里多 1 个师的话，可能凡尔登的法军就已经崩溃了。

而在此时西线的北端（5 月 26 日），与英国远征军司令黑格见面的霞飞建议提前发起另一场早就计划好的反击——本来协约国想先发制人，却被德国人在凡尔登抢了先——但黑格不同意，他坚持在 2 个月后力量积蓄得够强大了再进攻。当霞飞告诉黑格，再等 2 个月法国可能就不存在了时，后者才勉强同意。在凡尔登的噩梦还没有散去之时，另一个噩梦又即将到来——那就是索姆河战役。

对于即将开始的新战役，黑格很有自信，因为到现在为止，英军的损失最小。他认为在英国步兵爬出战壕之前，他们的猛烈炮火就已经把德军的防线炸瘫痪了。一些跟他一样乐观的军官告诉下面的士兵："你们不用拿步枪，只要拄着拐杖就行了。当你们抵达目标的时候，会发现那里的德国人都死光光了，连一只活老鼠都没有。"

6 月 24 日，大炮轰击开始了，这曲地狱交响乐一直持续了五天五夜，一共发射了 150 万发炮弹，每平方米土地上可以平均分配到 1 吨的弹药。英法士兵都十分高兴，因为他们认为世界上没有任何东西能够抵挡住这样的炮火，晚上

〈 道格拉斯·黑格（1861—1928 年），1916—1918 年英国远征军司令，绰号"屠夫"，因为他的作战方法简单粗暴，为人又冷酷残忍。他的格言是"胜利取决于士气和决心"。

他们还会专门爬出战壕，为的就是要亲眼看看敌人阵地上像星星那样一闪一闪的爆炸。但实际上德军损失不是非常惨重——大约有7000人被炸死。相比德军在凡尔登一天就向法军倾泻200万发炮弹，英法联军的攻击就像是挠痒痒。

7月1日清晨，英法联军的进攻开始了，自信心爆棚的士兵们觉得自己只是要去占领敌人的墓地而已。但是，很快这些士兵就进入了死亡陷阱，德军的大炮并没有被打哑，联军早先发射的炮弹估计有1/3没有爆炸。由于炮弹需求量的激增，英国工厂雇用了大量根本没有技术的工人，为了增加产量而忽视了质量第一的问题，以至于造出的炮弹根本不合格。同志们，粗制滥造害死人啊！

而进攻的英国士兵却不知道这一点，他们热情高涨，因为他们为了壮胆都喝了很多朗姆酒，酒精虽然让他们变得胆大气粗不怕死，但也让他们变得反应迟钝。为了督促士兵，军官们告诉他们，任何胆敢不前进的人都会被枪毙，于是德国人看到了这样的景象：英国士兵端着步枪刺刀，肩并肩，像军训似的向他们走来——因为他们的长官告诫他们：人与人之间的距离要近，这样才能增强信心。另一个规定是：士兵不许在离敌人20米以外就开始奔跑。其实这个规定根本不合理，而且就算你让这些士兵跑他们也跑不动，因为他们每人要背着重达30千克的武器弹药（除了步枪外还有2个沙囊、220发子弹和2颗炸弹），一旦卧倒就爬不起来了。有些士兵还要带着带刺的铁丝网（用于巩固即将占领的敌军阵地，他们实在太乐观了），背着铁锹，有的还带着信鸽，于是这些喊着口号的士兵被成群地撂倒。面对这样好的机会再不把握住就太不识抬举了，吃惊的德国人开始用机关枪扫射这些肉盾，就像打排列整齐的保龄球瓶一样，他们只需要开枪，装弹，再开枪，再装弹，就可以把敌人成片地扫倒，连瞄准都不用。后来连德军士兵都不忍心再开枪了，他们会默默地暂停射击，同情地看着英国人带着他们的伤员默默地离开战场。到天黑的时候，英军几乎没有取得任何战果——这是显而易见的——但已经伤亡了6万人，其中战死2万人。

在索姆河的两岸，福煦领导的法军取得了一些进展，他们和英军相反，士兵们可以在进攻时不带任何与战斗无关的东西，在战场上他们可以随便乱跑，拐着弯儿地跑也没事。这些本来是负责防守的士兵们取得了英军期望的胜利。但最后他们还是错过了这个大好时机，因为领导不允许他们继续推进。

在这种情况下，索姆河战场也陷入了对峙，在凡尔登和意大利战场之外，又多了一个僵局。

同盟国已处于劣势，在凡尔登和索姆河，德军处于守势；在巴尔干半岛，德奥联军也处于守势；在意大利战场，奥地利军队也处于守势；在高加索，土耳其军队也处于守势……但是，一个机会突然降临，那就是一直观望的罗马尼亚宣布加入协约国，这个巴尔干国家在思前想后权衡利弊经历了激烈的思想斗争后才决定加入协约国。罗马尼亚国王斐迪南（又是一个叫斐迪南的，你还记得书里一共有几个斐迪南么）曾在德国长大，他和威廉二世都属于霍亨索伦家族，所以他倾向于德国；但是他老婆王后玛丽（Marie）却是英国公主，玛丽的奶奶是维多利亚女王，妈妈是俄国的公主，所以她倾向于加入协约国。最后还是老婆说服了老公，因为这时恰好布鲁西洛夫率领的俄军击败了奥匈军队并占领了毗邻特兰西瓦尼亚（Transylvania）的布科维纳（Bukovina），这让罗马尼亚决定立即参战，因为特兰西瓦尼亚是他一直垂涎的（这个地区有许多罗马尼亚人）。罗马尼亚政府害怕如果再不采取行动，这个地区就会被俄国人吞并，所以要先下手为强。于是在经历了一系列的讨价还价后——就像意大利政府向协约国讨价还价一样——协约国承诺将这个地区交给罗马尼亚，而且英法两国还打包票说他们将利用他们在萨洛尼卡的军队保护罗马尼亚不受南部保加利亚的攻击。

气愤的威廉二世下令将罗马尼亚国王斐迪南的名字从霍亨索伦王室的家谱上删除。8 月 27 日，罗马尼亚的 40 万大军向特兰西瓦尼亚进发（这是协约国许诺分给他的领土），他们的对手只是 3.1 万名奥地利士兵，胜利似乎已唾手可得毫无悬念。

罗马尼亚的参战也给了法金汉重重一击，因为他曾向德皇保证罗马尼亚不会在 9 月以前参战。抓住机会的兴登堡立即向德皇提出，如果不让他任职德军总司令他就辞职，于是在 8 月 29 日，法金汉的位置被兴登堡取代。

罗马尼亚参战，同盟国的日子似乎将越来越不好过了，因为他们又多了一个敌人。但实际情况是，罗马尼亚参战根本没起到什么作用，罗马尼亚军队和俄国军队有得一拼，他们缺乏组织、缺乏训练、缺乏装备，许多师连一挺机关枪都没有，贮备的弹药只够用 6 个星期，一些高级军官甚至发布命令，只许官阶在少校之上的人才能穿伪装服。这支庞大而落后的军队以极其缓慢的速度前进，他们的速度放这么慢是为了等待俄国的援兵，但实际上根本就没有什么援兵——俄国将军阿列克谢耶夫（Alexeiev）根本不愿意让罗马尼亚参战，因为他根本不相信罗马尼亚军队的战斗力。

罗马尼亚的缓慢进军给他的敌人提供了宝贵的时间，在保加利亚的德国将军马肯森成功逼退巴尔干萨瑞尔（Sarrail）的军队后迅速向北移动，在 9 月 1 个月里，他就将 1500 个车厢的士兵及装备迅速地运到了匈牙利。在多瑙河边特图凯的堡垒的罗马尼亚指挥官声称："这里是我们的凡尔登！"因为这里的罗马尼亚军队在数量上占绝对优势。但当马肯森的军队开始进攻后，这里 80% 的罗马尼亚军队在几乎没有战斗的情况下就投降了，没有投降的则都逃跑了，这些溃退的罗马尼亚军队被追得慌不择路晕头转向，有的竟然向盟友俄国人投降。这让俄国人气急败坏很是恼火，因为罗马尼亚的参战不但没帮到忙，反而还添了很多乱。当罗马尼亚保持中立时，俄国有 300 多千米的边界不用派兵防守，但现在，俄国不得不分出兵力来保护这个帮倒忙的盟友。有个俄国指挥官向阿列克谢耶夫抱怨说："让罗马尼亚人变得有纪律，就像让猴子跳米努埃小步舞那么难。"

就在这个时候，被免去德军总参谋长职位的法金汉被派到了特兰西瓦尼亚，他被任命为德军第 9 集团军的指挥官——后来又被派到了更远的巴勒斯坦，这简直是新司令对他的报复。不过法金汉很争气，他横扫了特兰西瓦尼亚的罗军。12 月，他的军队已和马肯森的部队会合，彻底摧毁了罗马尼亚军队，能跑的罗马尼亚人全都向北逃入俄国。12 月 6 日，同盟国军队在罗马尼亚首都布加勒斯特（Bucharest）举行了庆祝胜利的大游行，在接下来的一年半里，他们将从罗马尼亚运走 200 万吨谷物、100 万吨石油、20 万吨木材和 10 万头家畜，这些物资将支持同盟国继续战斗下去。从这一方面来说，罗马尼亚的参战真的是帮了倒忙，在萨洛尼卡的协约国远征军反而要增兵去援救他。3 个月前还神气活现的罗马尼亚现在已经被打得奄奄一息了，死伤 20 万人，15 万人被俘，却没有给同盟国造成什么伤害，反而成了同盟国的供给仓库。同盟国只伤亡了 6 万人，包括德国、保加利亚、奥地利和土耳其的军队。

〉马肯森（1849—1949 年）被认为是一战中德国最杰出的战场指挥官之一，他被称为“突破战术大师”，也是朱德最推崇的“战术大师”。他在东线屡胜俄军，横扫塞尔维亚，最后还打垮了罗马尼亚。

^ 1917年，第一次世界大战期间，在默勒谢什蒂（Mărăşeşti）的罗马尼亚军队。

< 马肯森领导他的部队穿过多瑙河。

∧ 霞飞正在检阅罗马尼亚部队。

10月18日，尼韦勒领导的法军在西线的凡尔登发起新的进攻，尼韦勒的口号是："他们不可能通过！"在4天的连续炮火轰击后，前线的数千法军突然一起欢呼起来，对面的德军被弄得丈二和尚摸不着头脑，他们以为对手精神错乱，于是揭开伪装的大炮，向这些暴露的目标开炮——这正合了法军的意，因为这是法方的引蛇出洞之计，德军自己暴露了自己大炮的位置。法军新调来的600余门大炮立即开火，将德军的158个重炮组摧毁了68个。24日，法军收复了杜奥蒙炮台，开始把德军一码一码地推回去，直到他们退回几个月前发起进攻的地方。为了收复杜奥蒙炮台，法军还特意在后方做了个模型，天天做攻防练习。到12月18日的时候，精疲力尽的德军终于放弃了进攻。在10个月的鏖战厮杀后，法军损失55万人，德军损失45万，炮弹共发射了4000万发，但没有胜利者。

在这一年即将结束的时候，血腥的凡尔登战役终于结束了，双方为什么要

∧ 罗伯特·尼韦勒（1856—1924 年）是“攻势邪教”的忠实信徒，被称为“挥霍士兵生命的人”。黑格很看不起野心勃勃的尼韦勒，背地里叫他“杂种狗”。

在这里反复鏖战搞得精疲力尽呢？因为双方在这里都流了许多血，要离开这里在政治上是不允许的。德军发起的凡尔登战役牵制了英法联军的兵力，英法联军发起的索姆河战役又牵制住了德军的兵力，双方势均力敌，总之，依旧是一团僵局。

1916 年 6 月 5 日，鄙视坦克的英国陆军大臣基钦纳元帅在坐船出访俄国时不幸触雷，船毁人亡。首相阿斯奎斯宣布任命劳合·乔治为新一任陆军大臣，但这遭到了他老婆的反对，阿斯奎斯夫

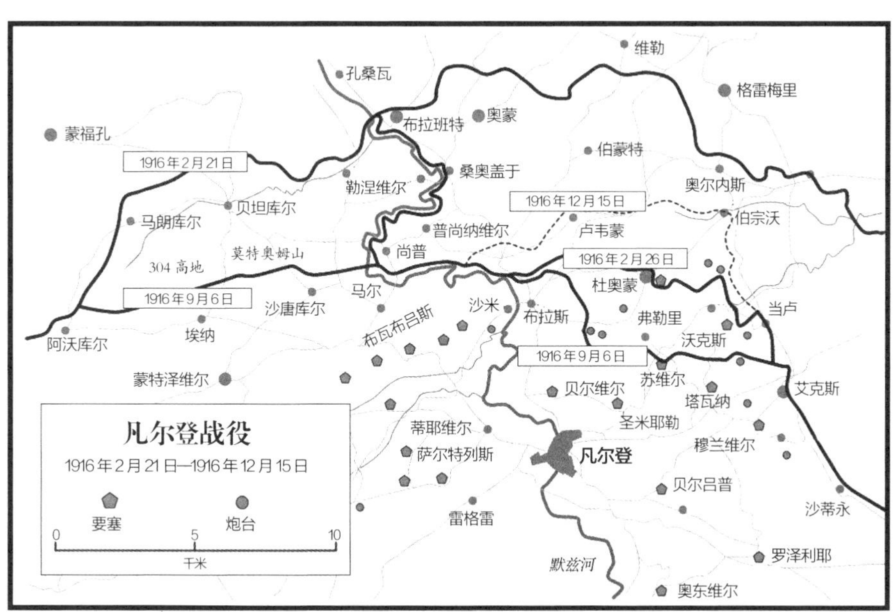

∧ 1916 年的凡尔登战役示意图。

人告诉丈夫：劳合·乔治有野心，会威胁到你的首相位置。但阿斯奎斯没理会。半年后，他会后悔没听他老婆的话。

到1916年11月的时候，索姆河地区英军已经伤亡了42万（法军伤亡20万，德军伤亡67万），却只推进了30英里。在海上，5月31日—6月1日，英国舰队与德国舰队在日德兰（Jutland）半岛附近海域展开大战，这是英德双方的第一次大海战，也是最后一次。英军损失11艘战舰和6000水兵，德国损失较小——共损失7艘战舰。绰号“狐狸”的劳合·乔治利用群众的不满向

1. 1916年凡尔登战役中，法国士兵夺回杜奥蒙。

2. 英国首相、自由党领袖劳合·乔治（1863—1945年）属于“东线派”，由于他增兵东线的计划遭到总司令黑格的反对，他就企图越过总司令和参谋长直接指挥。列宁称精于算计的他是“愚民部专家”。

日德兰海战中双方损失

	战列舰	巡洋舰	驱逐舰	损失人数	被俘人数
英国	3	3	8	6097	177
德国	2	4	1	2545	0

首相阿斯奎斯逼宫。1916年12月1日，劳合·乔治强迫阿斯奎斯成立了一个“战争指导委员会”，委员会的主席由他担任，而首相阿斯奎斯则不被允许参

与，这就等于向阿斯奎斯逼宫。阿斯奎斯予以拒绝，劳合·乔治立即宣布撂挑子不干了，其他内阁成员也在他的忽悠下集体辞职，阿斯奎斯政府就此垮台。

5 天后，劳合·乔治如愿以偿地被任命为新的首相，但很快他和总司令黑格就有了矛盾——因为性格不合，劳合·乔治反复无常，黑格则沉默固执。在黑格眼里，劳合·乔治就是个威尔士骗子（劳合·乔治是威尔士人），劳合·乔治则认为黑格就是个杀敌一万、自损九千九的蠢货。双方的互不信任降低了英国军队的作战能力。

美国《纽约时报》评论这次海战是“德国舰队攻击了他的牢狱看守，但是仍然被关在牢中”。

12 月 13 日，法军领导也换人了。法军总司令霞飞被认为没有组织好凡尔登战役，尤其是对德军主攻方向判断错误——在德军发起进攻前他把重炮都调走了，还拆除了凡尔登的许多要塞，而且霞飞对伤亡人数不关心。于是他被调到战争内阁里去当了战争顾问，相当于提前退休。为了顾全他的面子，防止他的支持者的抗议，他被授予了陆军大元帅的头衔。接替霞飞的是自封为战争天才的罗伯特·尼韦勒——10 月时霞飞让他顶了贝当，现在他又顶了霞飞。

能在 1916 年下台的人还算幸运的，因为还有好些大人物直接挂了。

这一年快要结束的时候——1916 年 11 月 21 日晚上，86 岁的奥匈帝国皇帝弗朗茨·约瑟夫在睡梦中安静地去世了，在睡觉前他还嘱咐侍者早上 3 点 30 分叫醒他——这位辛勤的工作狂老人每天都会在凌晨 3 点半准时起床祈祷，然后工作。但这次他再也没醒过来。

12 月 29 日，修道士拉斯普廷也死了，他是被俄国亲王菲利克斯·尤苏波夫（Felix Yusupov）和沙皇的表兄德米特里（Dmitri）等人杀掉的。菲利克斯·尤苏波夫亲王是沙皇的外甥，他早就对这个低俗的神棍仗着得宠惑乱王室威胁到他们的利益而恼怒。拉斯普廷不但是个“神棍”而且还是个淫棍，他在彼得堡社交圈里素有渔猎女色的恶名——据说宫廷里的贵妇少女都跟他上过床。而虔诚的皇后亚历山德拉也经常在深夜将之召入宫中举行神秘兮兮的祈祷仪式，于是国内开始风传这位“半仙”也和皇后上过床，并让沙皇给他洗脚。拉斯普廷本人不但不制止这类谣言和绯闻，反而很受用地予以鼓励，以此向众人吹嘘自己在沙皇面前有多么肆无忌惮。他利用对他言听计从的皇后随意任免大臣，在 1914—1916 年短短 2 年时间里，俄国大臣会议的主席就换了 4 个，内务大臣换了 6 个，陆军大臣换了 4 个，外交大臣换了 3 个，司法大臣也换了 4 个，一切全凭拉斯普廷的喜好。只因为他爱吃哥罗梅金的老婆做的土豆，他就把 80 多岁的哥罗梅金提拔成了首相——但这位老头从不过问政事，因为他已经到了不打吗啡就会睡着的地步了；担任内政部部长这一重要职务的人则是拉斯普廷在一家小酒馆喝酒打架时认识的一个流浪歌手。反之，凡是得罪和反对拉斯普廷的人统统遭到了皇后的疏远和罢黜。他的种种恶行与丑行早已引起众怒。

本来尤苏波夫是打算用下毒的方法来暗杀掉这个“神棍”的，但是拉斯普廷仿佛百毒不侵，他吃了被下有氰化钾的蛋糕后只是打了几个长长的饱嗝儿。尤苏波夫只好放弃这个“温柔”的暗杀计划，而改用枪将他撂倒，之后几个“凶手”把他们认为已经死了的拉斯普廷绑起来扔到了冰冷的涅瓦河里。第二天警察发现了拉斯普廷的尸体，令人惊讶的是，绑着拉斯普廷的绳子竟然被挣脱开了，尸体解剖的结果是他身上 3 处中弹而且中了氰化钾的剧毒，但却是淹死的，因为肺里有大量的积水，也就是说生命力顽强的拉斯普廷到水里后还活着并挣扎了一段时间，长达 8 分钟——这颇有点逃生魔术的味道（只是没有成功，请勿模仿）。

在遭到暗杀之前，这位半仙仿佛已经预感到了有这一天，他写了一封“给俄国人民、俄国沙皇、母亲、孩子和俄国土地”的信，信中预言或者警告说：“如果是你的亲戚杀死了我，那么在你的家人和亲戚中没有一个能活过 2 年，俄国人民将杀死你们。”后来的事实证明，拉斯普廷是个好半仙——他的预言在沙皇一家人身上奇迹般地应验了，但对尤苏波夫却没起什么作用（看来什么都是信则有不信则无），这位亲王虽然被沙皇软禁了起来，但并没有被处死，因为罗曼诺夫家族的皇亲国戚一致反对，后来他被流放到了外地，这个处罚反而救了他一命，因为不久后俄国革命就爆发了。最后尤苏波夫在“二月革命”后和妻子去了巴黎，一直活到了 1967 年。而另一个凶手德米特里则在美国一直风流快活地活到了 1941 年。

在拉斯普廷被杀后，沙皇夫妇下令对他的尸体进行了防腐处理，喷上香水并抹上胭红和口红，装入一口密封的铅棺，用火车运到了罗曼诺夫家族的皇村花园隆重下葬。本来皇后亚历山德拉还希望修建一座“拉斯普廷修道院”来纪念这个“半仙”，但“淫荡修道院”这个名字太难听了，所以只好作罢。不过拉斯普廷这个“神棍”的死还是振奋了人心，最后演化成了一阵狂欢，人们在酒馆里痛饮伏特加以示庆祝，在街道上互相道喜、拥抱，并在教堂里点着蜡烛祝福。在军队里，官兵们也是兴高采烈，据法国驻俄国军事代表团团长回忆：“打一场俘获 10 万敌军的胜仗也没有这么激动。”——所有人都赞同并援引了一条俄国谚语：“狗就有狗的死法！”

装有拉斯普廷尸体的这口棺材在“二月革命”后被起义的皇村卫戍部队发现，士兵们用火车把它拉出来架起柴火烧掉了。据说大火燃烧了整整 10 个小时才把尸体烧毁，随后士兵们踏着炽热的炭灰仔细检查了焚尸场，并把火堆周围的土地重新耙了一遍，确保谁也不会发现这里就是拉斯普廷被焚尸之所——拉斯普廷的预言又一次“应验”了，他生前曾预言：“我的躯体将被焚烧，我的骨灰将被风扬起撒遍大地……”

第十章
饥饿的后方

★ ★ ★

"人是铁，饭是钢，一顿不吃饿得慌。"

——俗语

大战进入 1917 年，双方都已精疲力尽，都有谈判结束这场战争的想法，但大家都不愿率先做出让步，因为让步就相当于示弱，于是大战继续。

由于大战没完没了，双方民众的生活开始受到影响，吃的穿的用的都不够了。

在前线，军官们会好心地告诉他们的士兵少吃点——其实本来吃得就不多，因为前线的伙食太难吃——因为吃得少可以减肥，减肥的必要性体现在战壕容不下胖子，瘦子比胖子更安全，所以如果想安全一点的话就少吃点。1916 年 10 月 19 日，一名在意大利前线的士兵写道："晚餐吃的是医护兵捉来的青蛙。"后来连充当连队吉祥物的狗也失踪了，得知这一消息的士兵们的第一反应是："它为复活节烧烤献身了……"

﹀ 〉战场上，狗不仅是士兵们亲密的朋友，也是他们形影不离的战友。连朋友兼战友都成了餐桌上的食物，其惨状可想而知。

因为食物开始紧缺，英国建立了统一食品管理机构，还颁布了《全国节约粮食战时联盟食谱》来指导人民群众怎样吃得又少又“好”（请注意，不是又饱又好）。英国的海报也很有创意，他告诉人们一些小窍门，比如说，“吃慢一点，你就可以不需要那么多食物”——直到今天，这条建议仍然对那些热衷减肥的女士具有重要意义。

由于牛奶匮乏，有的奸商竟然在牛奶里掺水，你也许觉得这没多大事儿，因为这种事司空见惯——但问题是他们用的是公共浴池里的脏水……呕……

比起协约国来，同盟国受到的影响要大得多，协约国运输货物的船只可以畅通无阻地进出法国在大西洋上的口岸，而被夹在中欧的德国和奥匈帝国就惨了，他们遭到了英国的封锁，根本没办法从海外购买补给，有钱买也运不过来。刚开始的时候并没有多大影响，因为谁也没想到仗会打这么长时间。英国人相信封锁会让德国人因饥饿而投降，因为德国只能生产所需粮食的80%。起初德国人还很嚣张，1915年9月时，德国人用一艘齐柏林飞艇轰炸了伦敦，除了炸弹之外，飞行员还用降落伞投下了一大块带骨猪肉，上面写着：来自饥饿德国的一份礼物。可见彼时的德国人还并未意识到问题的严重性。

随着战争的持续，很快同盟国就经不起这种“消耗战”了，德国人连能开玩笑的猪肉也没了，因为他们为了节省喂猪用的粮食，把几百万头猪都宰了——这导致了猪肉价格的暴涨，政府只好规定周二和周五不能吃肉，周一和周四禁止吃油。为了贯彻这一规定，变态的政府派出了专门的检查团挨家挨户地抽查，看看谁违反了当天禁止吃肉的规定，如果被发现有超标的食品统统没收。两年里，德国的粮食产量已经下降了一半，食品物价上涨了200%，于是德国开始发行粮票，施行粮食定额配给制。1916年的大雨和霜冻更加剧了饥荒的蔓延，那个冬天格外寒冷，马铃薯成了粮食的替代品，但马铃薯的产量也下降了一半。要想买点吃的就得排队，每天早晨成群的人都会带着椅子或坐垫去商店门口等，累了的话你可以坐下来歇会儿，就是躺下睡一觉也没关系，因为当你醒了之后

^ 巴伐利亚的战时粮票。

会发现——还没轮到你呢。

在奥地利，几万匹马都被杀掉，因为肉类已经极度缺乏，维也纳的街道上只能用狗来拉车（柏林的情况要好一点，他们是用马戏团的大象来拉车），后来连狗拉的车也见不着了，因为狗也被吃掉了。后来连动物园里的动物也遭了殃，德国动物园里的袋鼠都被人杀掉吃光了。最高兴的可能是低年级的小学生了，因为所有的老师都当兵去了，学校停课——高年级的学生则被责令去地里参加劳动。为了获得更多吃的，老百姓开始在一切可以利用的空地上种菜，在公园里种马铃薯，在阳台上种土豆，在墓地里种山药蛋……

1913 年一战爆发前各国经济实力对比

	人均工业化水平[①]	钢铁产量（百万吨）	能源消耗量（相当于百万吨煤）	各国制造业在世界制造业中的份额	工业潜力[②]
德国	85	17.6	187	14.8%	137.7
奥匈帝国	32	2.6	49.4	4.4%	40.7
美国	126	31.8	541	32%	289.1
英国	115	7.7	195	13.6%	127.2
法国	59	4.6	62.5	6.1%	57.3
沙俄	20	4.8	54	8.2%	76.6
意大利	26	0.93	11	2.4%	22.5
日本	20	0.25	23	1%	25.1

没有肉只好将就着吃素食了，1917—1918 年的冬天被德国人称为“萝卜冬天”，因为能吃的东西除了萝卜还是萝卜，有蒸萝卜煮萝卜腌萝卜烩萝卜，早上萝卜面包，中午萝卜大杂烩，晚上萝卜配生菜……后来连这个都没有了，因为萝卜也不是要多少有多少，经不起这么使劲儿吃。为了安抚人民群众吃不饱的情绪，德国的大街小巷都贴满了鼓励人们“少吃一口”的海报。为了配合宣传，一些科学家在报纸上专门发表文章“证明”：“吃得太多会导致秃头！”

如果你想要买点奶油改善一下生活，对不起，你必须有医生的处方，因为奶油已经被列入“药品”一类了。

和上面的这些国家相比，俄国虽有足够的粮食，但悲催的是这些粮食没办法从乡下运到城里去，因为运输军队已经让铁路不堪重负，管理的无序加

①②以 1900 年英国的水平为 100 为参照。

剧了混乱，城里的妇女每周要花40个小时去排队买吃的。几百万吨的剩余粮食堆在黑海的港口，但因为无法通过达达尼尔海峡所以根本运不出去——俄国不支持协约国进攻达达尼尔海峡的恶果已经显现了出来，其出口已经下降了95%，能用的口岸只有一年里有半年上冻的阿尔汉格尔和远在8000英里外的符拉迪沃斯托克（海参崴）。但战争没完没了，俄国的粮食供应也顶不住了，1917年1—2月，近70万人参加了在彼得堡的大罢工，因为连首都都只有几天的粮食储备了，莫斯科的面包房外面经常挂着"今天整天没面包"的牌子。

为了抵御饥饿，拥有无穷智慧的各国劳动人民发明了许多代食品，比如说用锯末和土豆皮做的面包，上面洒上白垩土来代替面包屑（德国报纸上甚至报道说有人发明了一种能利用秸秆生产面粉的新工艺）；用老鼠、蜗牛来提炼脂肪——如果你不喜欢老鼠味儿和蜗牛味儿的脂肪，没关系，你的旧皮鞋也可以；用烤过的橡树果或者是树皮来代替咖啡；用玉米和马铃薯混合起来代替鸡蛋，如果觉得还不够味儿的话，还可以用烧得黑乎乎的灰烬洒在上面来代替胡椒粉。这些代食品看起来很能以假乱真，但味道简直……在法国流行着这样一个笑话：一名车夫因为拿政府配给的面包喂他的马而受到了惩罚。他当然应该受到惩罚，因为他无论如何也不应该用这种方式虐待动物。

如果你想体验一下当时的生活——或者是有志于减肥的话，可以按照下面的食谱来试一下：

第一步：准备一颗卷心菜——又叫洋甘蓝，这种菜一直是作为牲畜饲料的；

第二步：把卷心菜放在烧开的水里焯两遍；

第三步：用油煎一点面糊——如果你有油的话；

第四部：在面糊里加入一片月桂叶、两片丁香、少许胡椒籽、一勺醋、一点糖和一点盐，然后加卷心菜一起煮一会儿就大功告成了！

很简单对吧？尝过之后你会觉得味道鲜美得简直……和红甘蓝一模一样。

除了食物以外，汽油、电力、煤炭都开始实行配给制。为节省燃料，电影院和戏园子都停止了演出，巴黎唯一开放的地方就是荣军博物馆，为的是用专门的展出鼓舞人们的爱国热忱。晚上不到 10 点——冬天甚至不到 5 点——不夜城巴黎就漆黑一片了。政府规定每家每户在每间屋子里只能开一盏灯，如果你多开了灯就会受到断电 3 星期的惩罚。因为缺煤，冬天的暖气也断了，为了取暖，人们只好自力更生，创造了“自我发热法”——即在屋里穿上几乎所有的衣服，然后在屋子里来回不停地遛弯，但效果很不好，因为根据能量守恒定律来说，运动时间长了就——又饿了。不过这点“乐趣”也很快被剥夺了：1917 年，德国政府又颁布了服装法令，规定每个公民只允许拥有 2 套西装、2 件长罩衫、2 条裤子、1 件大衣、3 件衬衫和内裤、3 双靴子和 4 双袜子，超标衣物一律没收。在奥地利，一些平民在冬天只能穿着用纸盒做成的鞋（他们的皮鞋可能不是被吃掉就是被征用了），用马粪纸和秸秆来做鞋垫。前线的士兵只能用纸做的绷带和纸做的内衣——因为棉花也没有了，前线救护站的被褥里也填充了报纸碎屑，军方说这样的好处是“轻盈保暖方便随时更换，清洁卫生防止病菌传播”（横批：糊弄你玩儿）。

除了忍受饥饿和寒冷以外，后方的人民群众还得忍受政府的种种限制与压迫。英国《国土防务法案》中就规定：

严禁在铁路桥下闲逛；

严禁在没有正式许可的情况下购买望远镜；

严禁放风筝；

严禁在电话里讲外语；

严禁在晚上 10 点以后在大街上吹口哨拦出租车；

严禁在书店看到这本书后不买……

额……好吧，我承认，最后这条是我自己加上去的……

为了继续战争，各国政府喊出了“一切为了前线”的口号，强迫工人加班加点无限制地工作，男的不够女人来凑。工人们每天 4 点半就得起床，而且没有礼拜天。为了反对剥削和压迫，英国伯明翰（Birmingham）和考文垂（Coventry）军火厂的工人发起了大罢工，他们罢工的目的是要求增加工资。直到劳合·乔治威胁说要把他们送入军队，他们才回家。英国和法国这两个民主国家后来干脆以法律的形式规定：罢工属于叛国罪！而在德国，工会干脆通过了“为祖国辅助服役”的法令，规定对17—60岁的男性实行义务劳动制，谁罢工就把谁送到前线。

截止到1917年，英法两国伤亡总数已达到300万，平均每个月4万人。1917年，奥匈帝国已开始征召16岁的新兵入伍，因为没有棉花，只好用纸来制作绷带和内衣供应给士兵。人们已经忍受到了极限，再也不能忍受下去了。

战争中最高兴的是美国人，他们在这次大战中大发横财，由于交战双方的

^ 德国动用宣传机器否认国家陷入饥荒的事实。

需求大增，美国的农产品源源不断地出口。

不在沉默中爆发就在沉默中灭亡！在忍受了近3年后，人民起义首先在帝国主义国家链条中最薄弱的一环——俄国爆发了（很熟悉吧？中学历史课本上的原话）。

∧ 鼓励妇女参加劳作的宣传海报。

∨ 图为一张宣传节约的德国海报。

第十一章
俄国退场

★ ★ ★

“世界认为俄国革命是结束。大错特错，俄国革命仅仅是开始。”

——亚历山大·克伦斯基

1917年初，俄国国内已经陷入混乱，战争引发了严重的通货膨胀，政府只能大量地发行货币。由于货币发行量太大，连印刷机都用坏掉了。大雪和低温让1000多列蒸汽火车车头因冻结而爆炸，这导致食品和燃料没法运进大城市。由于供应缺乏，面粉的价格已经涨了8倍，但有面粉的面包房也没法烤出面包，因为烤炉没燃料，连首都彼得格勒的许多工厂都因为缺少燃料而停工了。工厂一停工工人就没事干了，宿舍里又停了暖气，于是成群的工人开始在街头饿着肚子闲逛，请注意，这可是俄国冬天的街头，零下几十度！逛了没多久，又冷又饿的工人开始骚动，厌倦战争的前线士兵也开始骚动，逃兵达到了100万以上，所有人都在期望着改变眼前的这一切。大家都对沙皇和皇后表示出不满，“无论军官、商人、妇女，每个人都在谈论弄死他们”[①]。甚至有人在杜马会议上公开提议废除沙皇。很多人认为俄国军队的失败都是皇后的错，因为她是个德国人。一个笑话开始四处流传：年幼的皇子在冬宫的走廊里哭泣，当有人问他为什么哭时，他回答道：“当俄国人被打败的时候，爸爸哭了；当德国人失败的时候，妈妈哭了。那我应该什么时候哭呢？”

在这种情况下，尼古拉二世已经失去了权威，他整个冬天都住在首都彼得格勒附近的皇村里，和皇后及其子女保持隔离。他周围的人都祈求他任命一个新内阁来挽救局势，但沙皇没有任何行动，皇后亚历山德拉则鼓励她的丈夫采取更加残忍的手段来展现自己的力量，因为“俄国需要皮鞭，斯拉夫人的本性就是如此”。但皇后的铁腕手段也没有被采纳，尼古拉好像已经跳出乾坤外不在五行中了，他对现实漠不关心，不管别人对他说什么，他都耐心地听着，神情茫然地微笑着，什么也不说而且什么也不做，颇有些无为而治的味道，而这正是他无能的充分表现。于是连国家杜马中最保守的人——比如说社会党的克

① 英国总参谋部成员亨利·威尔逊语。

伦斯基（Kerensky）都开始主张用恐怖分子的手段搞一次反沙皇的政变，甚至连俄军总参谋长都策划逮捕皇后迫使沙皇改革。但他们的这一想法并没有机会去实施，因为还没等他们动手，沙皇就自己倒台了。

3月（俄历2月）8日，彼得格勒街头的示威游行逐渐变成了抢劫和骚乱——连杜马议员都参加了进去，派去镇压他们的哥萨克骑兵则有去无回，因为他们也加入了游行队伍。连首都卫戍部队里都冒出了许多逃兵，以至于被谑称为“逃兵营”。一些以前遭到镇压一直在潜伏的左翼组织领导人也纷纷冒出头来，呼吁进行更大的罢工和变革。惊恐万分的俄国内阁一看大势不好立即发电报给沙皇要求辞职，并要求沙皇赶回首都接手这个烂摊子。但沙皇在电报中回

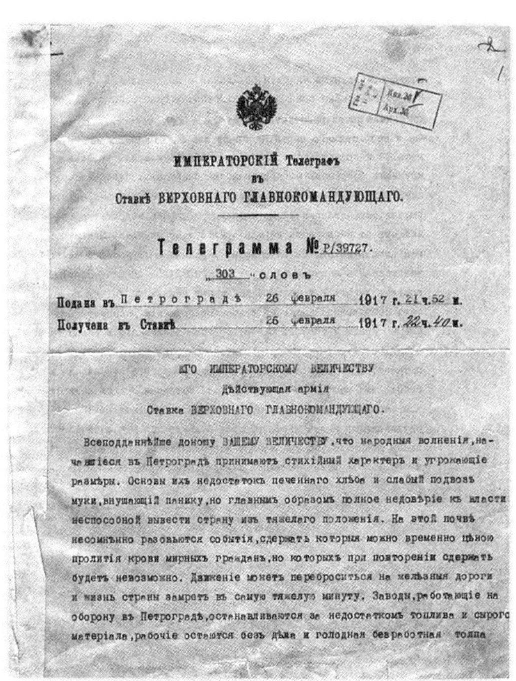

ИМПЕРАТОРСКІЙ Телеграфъ
въ
Ставкѣ ВЕРХОВНАГО ГЛАВНОКОМАНДУЮЩАГО.

Телеграмма № Р/39727.

„303“ словъ

Подана въ Петроградѣ 26 февраля 1917 г. 21 ч. 52 м.
Получена въ Ставкѣ 26 февраля 1917 г. 22 ч. 40 м.

ЕГО ИМПЕРАТОРСКОМУ ВЕЛИЧЕСТВУ
Дѣйствующая армія
Ставка ВЕРХОВНАГО ГЛАВНОКОМАНДУЮЩАГО.

Всеподданнѣйше доношу ВАШЕМУ ВЕЛИЧЕСТВУ, что народныя волненія, начавшіеся въ Петроградѣ принимаютъ стихійный характеръ и угрожающіе размѣры. Основы ихъ недостатокъ печеннаго хлѣба и слабый подвозъ муки, внушающій панику, но главнымъ образомъ полное недовѣріе къ власти неспособной вывести страну изъ тяжелаго положенія. На этой почвѣ несомнѣнно разовьются событія, сдержать которыя можно временно цѣною пролитія крови мирныхъ гражданъ, но которыхъ при повтореніи сдержать будетъ невозможно. Движеніе можетъ переброситься на желѣзныя дороги и жизнь страны замретъ въ самую тяжелую минуту. Заводы, работающіе на оборону въ Петроградѣ, останавливаются за недостаткомъ топлива и сырого матеріала, рабочіе остаются безъ дѣла и голодная безработная толпа

∧ 国家杜马主席米哈伊尔·罗齐安科（Mikhail Rodzianko）给皇帝尼古拉二世关于彼得格勒开始暴动的电报。

复说：“在此与德国和奥地利开战的困难时期，我命令首都发生的骚乱明天结束。”

可惜他的“命令”根本不管用，“明天”很快就到了，骚乱持续升级，这次连士兵也掺和了进来，他们开始向自己的长官开枪，巨大的武器库被占领，武器四散流出。监狱里的犯人趁着这个好机会纷纷越狱逃了出来，更加剧了社会的混乱。

3 月 13 日，沙皇尼古拉乘火车赶回彼得格勒，为了避免影响开往前线的部队和军需品的运送，好心的他特意下令火车走曲线，这样就更慢了。等他接近彼得格勒时，局势已经乱得不可收拾了。最后连驻守在皇村负责保卫沙皇的禁卫军也宣告起义，皇后和王子公主们已经成了囚犯，他们和沙皇失去了联系。许多高级指挥官都

1. 1917 年 3 月，革命发起后退位不久的尼古拉二世。
2. 1917 年 3 月，士兵要求拘捕尼古拉二世的示威游行。
3. 1917 年 3 月 19 日，俄国革命开始时在莫斯科街头示威的人们。
4. 二月革命初期的普梯洛夫工厂工人罢工游行。

3

ДА ЗДРАВСТВУЕТЪ МЕЖДУНАРОДНЫЙ
ПРАЗДНИКЪ ТРУДА
ДА ЗДРАВСТВУЕТЪ СОЦІАЛИЗМЪ
МОНЕТНЫЙ
ДВОРЪ
МОНЕТНЫЙ
ДВОРЪ

4

КОРМИТЕ
ДѢТЕЙ
ПРИБАВКУ ПАЙКА
СЕМЬЯМЪ СОЛДАТЪ
ЗАЩИТНИКАМЪ СВОБОДЫ
И НАРОДНОГО МІРА.
БРАТЬЯ МОРИ
БРАТЬЯ

给沙皇发来电报，要求他必须交出皇位——因为现在大家都需要一个替罪羊，沙皇夫妇荣幸当选。

3 月 15 日，两个新俄国政府出现了，一个是杜马推出的临时政府，一个是由工人代表和士兵组成的苏维埃政府。这两个政府在同一栋大楼里工作，虽然有一山不容二虎的说法，但他们在有些问题上还是一致的，那就是沙皇必须退位。

反对沙皇政府的列宁（1870—1924 年）一直被沙皇政府通缉，流亡国外长达 11 年，他的哥哥就曾因刺杀沙皇未遂而被绞死。列宁的演讲具有超级鼓动力，据说只要一个士兵或工人听了 5 分钟他的演讲，就会变成一个布尔什维克党人；只要一个晚上，列宁就能把一广场的工人、农民和士兵都变成自己的同志。

尼古拉二世宣布自己可以退位，但皇位不能给自己的儿子，因为他的儿子患有血友病，很可能夭折。于是皇位移交给了尼古拉的弟弟迈克尔，但迈克尔立即宣布退位，因为沙皇的宝座太烫屁股了，他怕自己小命难保。于是统治俄国 300 年的罗曼诺夫王朝宣告完蛋。

4 月 11 日，俄国苏维埃大会投票支持临时政府继续参加大战，但另一方面他们也发出呼吁要求停止战争，要求双方心平气和地停下来，进行不涉及领土吞并和战争赔偿的谈判。这个提议得到了敌人的赞同，但却遭到了其他协约国战友的反对。4 月 15 日，数万俄国士兵从战壕中走出来亲亲热热地与他们的敌人进行了一场具有反战色彩的复活节庆祝会。第二天，长期流亡国外的共产党领袖弗拉基米尔·列宁（Vladimir Lenin）回来了，列宁一回到彼得格勒就喊出了“和平、土地、面包”的口号，对于既厌战又没地还饿肚子的人来说

∧ 革命受害者的葬礼。1917 年 4 月 5 日（俄历 3 月 23 日）彼得格勒。

这比什么口号都有吸引力。在瑞士流亡的列宁本来是想借道英国回来的，但他又害怕被英国政府逮捕，因为英国和俄国还是盟国，最后他通过德国回到了彼得格勒。本着敌人的敌人就是自己朋友的原则，鲁登道夫亲自批准列宁坐上一列封闭的火车由瑞士经德国回到自己的国家，还赞助了他不少钱让他回国去“捣乱”——总共 5000 万金马克（相当于 9 吨多的黄金）。后来的英国首相丘吉尔评论道：“德国的领袖们终于发现了一件最吓唬人的武器，于是立即把它们像瘟疫杆菌一样密封起来，用装甲列车运回了俄国。”这个“病菌”就是列宁——鲁登道夫认为这个“病菌”将会使俄国更混乱，而这将有利于德国。

5 月 1 日，临时政府首脑克伦斯基宣布俄国将做一个诚实守信的国家——继续参加大战直到最后胜利，这样做是为了防止政策突然改变带来的混乱。但第二天他试图缓解危机的做法反而引发了更大的混乱：克伦斯基颁布命令解除

〈 亚历山大·克伦斯基（1881—1970 年），律师出身，曾任俄国杜马代表，十月革命后流亡国外。他野心勃勃而又夸夸其谈，列宁曾送给他两个外号——“小拿破仑”和“小牛皮家”。

了 43 岁以上男性的兵役——这些在前线的中年退伍老兵像赶集一样涌入了铁路，厌倦战争的他们急于回家，把本来就接近瘫痪的铁路挤得完全瘫痪了；后来克伦斯基又宽容地废除了逃兵的死刑，这条命令一下，马上有 100 多万士兵把枪扔了，自动解散，他们也加入挤车回家的行列，因为他们怕回去晚了土地就被分完了。返回后方的他们很快也加入了“造反”的行列。

6 月，法国发生了兵变，为了不让德国发现这一状况，法方要求俄国再次在东线发起进攻，俄国临时政府再次秉着“舍己为人”的精神拼凑了 20 万人向加利西亚进军，但很快他们就被德奥联军打垮了。不到一个礼拜，1916 年

∧ 1917 年 7 月彼得格勒的游行示威。

布鲁西洛夫占领的领土就全部丢掉了。这次失败再次引起了大规模的示威游行，克伦斯基不得不从前线调回部队去镇压游行的人；另外还下令通缉布尔什维克，迫使列宁出走芬兰。

看到俄国冥顽不灵死不改悔，鲁登道夫下令德军直捣黄龙——向彼得格勒进军。9 月 3 日，德军占领里加（Riga），俄国已处于崩溃状态，临时政府的最后一点威信也玩完了，因为俄国所有人都不想再打仗——准确地说是不想再打败仗了。

11 月（俄历 10 月）6 日晚上，在秘密潜回国内的列宁的领导下，革命士

︿1917 年 11 月 7 日下午，冬宫被包围。

兵和工人赤卫队在彼得格勒发动了武装起义，克伦斯基要求援军支援的命令根本没人理，连最反对布尔什维克的哥萨克骑兵都不理他。第二天 9 点，意识到大势已去的克伦斯基使出了金蝉脱壳之计，他告诉大家自己要前往北方军区总部调兵，然后就坐上美国大使馆的汽车——逃跑了。起义军则包围了临时政府的最后据点——仅有一群女兵和士官生把守的冬宫。

11 月 7 日晚上 9 点 40 分，停泊在涅瓦河（neva）上的“阿芙乐尔”[①]巡洋舰鸣炮发出总攻的信号，革命士兵和工人赤卫队冲进冬宫逮捕了临时政府的全体成员。3 天后整个莫斯科都被他们控制。“阿芙乐尔”号的一声炮响，伟大的十月革命胜利了！

刚听到俄国骚乱、沙皇帝制终结的消息时，英法两国竟然很高兴，他们一

① “阿芙乐尔”是罗马神话中司晨女神的名字，她负责唤醒人们并送来曙光。

“阿芙乐尔”号巡洋舰。

直觉得和俄国结盟很别扭，虽然俄国在大战中帮了不少忙，但民主国家怎么能和独裁国家结盟呢，这简直就是个耻辱！现在好了，俄国将变成一个民主国家，协约国内部将更加纯洁。但当后来布尔什维克接管政权后，他们就不那么高兴了，因为这帮人开始预测资本主义终将灭亡并狂热地煽动革命，而且他们竟然开始与德国进行停战谈判！这将使数百万德军从东线解放出来，投入到西线去。

经过了 3 年多的战争，俄国已经变成一个巨大的残骸，列宁领导的布尔什维克党接管了这个已经处于混乱中的国家。在起义成功的第二天，列宁就颁布了和平法令，决定退出这场战争，因为屡战屡败的俄国满目疮痍濒临崩溃，已经玩不起了。

1917 年 12 月 15 日，在布列斯特—立托夫斯克（Brest-Litovsk）这个小镇上，俄国与德国签订了停战 1 个月的协议。在谈判期间，俄国代表托洛茨基（Trotsky）和他同事还不忘给德国人散发各种革命的小册子，以此来说服他们也起来革命。但德国人提出的停战条件让托洛茨基感到震惊——俄国必须割让 26% 的领土，赔款 60 亿马克！他告诉德国人他们绝不会同意，并要求列宁采取“不战不和”的政策，既不再和德国人作战也不答应他们的要求。

但这种鸵鸟政策根本不管用，恼羞成怒的德军开始继续进攻，他们在 5 天内向东推进了 150 英里，占领了波罗的海沿岸，乌克兰首都基辅也于 3 月 1 日落入德军之手。南方的土耳其人也趁机穿越高加索山占领了阿塞拜疆的巴库。狂怒的托洛茨基声称俄国应该加入协约国重新作战，但列宁不同意，他决定不管什么条件，只要能让俄国退出战争，他都答应。为了避开德军，他还特意把首都从彼得格勒迁到了莫斯科——必要时还准备再迁到乌拉尔。

1918 年 3 月 3 日，俄国代表团与德国人签订了《布列斯特—立托夫斯克条约》，俄国被迫放弃了拉脱维亚、爱沙尼亚、立陶宛、波兰、乌克兰和白俄罗斯等地区，俄国将因此损失 1/3 的人口、1/3 的铁路和一半的工业。但它为新生的苏维埃政权赢得了喘息的时间。在签字的过程中，俄国代表团拒绝阅读签署协议的内容，因为他们认为这份协议毫无意义，根本就是个笑话。同意签约的列宁还被俄国人骂成“叛徒”和“德国间谍”，但这为苏维埃政权的巩固赢得了时间。在德国战败后，列宁立即宣布此条约无效！

表面上来看，德国人从俄国夺得了大片的领土，取得了一个巨大的胜利，但实际上他们却加重了自己的负担，因为这些领土是俄国根本无法防守的，现在德国为了占领它们必须派遣大量的军队来管理——需要 150 万人，这些部队本来可以派往西线的。另一方面，德国人的苛刻要求也坚定了英法抵抗到底的决心，因为他们已经看到——德国人太狠了，如果德国赢了，俄国的下场就是他们的前车之鉴。

随着革命的胜利，沙皇一家的末日也到了——二月革命革掉了尼古拉二世的皇位，十月革命则把他全家的命都革掉了。

革命发生后，沙皇夫妇本来想前往英国避难，但被他的表兄英国国王乔治五世拒绝了，因为乔治五世怕他把革命带到英国去。

1918 年 7 月 17 日午夜，为了防止敌人劫走沙皇，苏俄秘密警察把在叶卡捷琳堡（Yekaterinburg）一栋别墅里的末代沙皇尼古拉二世全家 7 口叫醒，通知说要转移到其他地方，然后把他们赶进了地下室里。尼古拉二世怀里还抱着小儿子阿列谢克，小家伙睡眼惺忪，迷迷糊糊，紧紧地搂着爸爸的脖子。

到了阴森的地下室，皇后亚历山德拉看到房间空荡荡的，十分不满地发问：“怎么连把椅子都没有？难道我们连坐下的权力都没有了吗？”最后还是在尼古拉的请求下，才有人给他们搬来了两把椅子，尼古拉抱着儿子坐其中一把椅子上，他妻子坐在他左边，其他人则背靠着墙站着。

凌晨 3 点 50 分，用来运载尸体的卡车开到了大门口，警卫队长尤罗夫斯基带着行刑队冲了进来，宣读了一份以乌拉尔区苏维埃名义公布的死刑判决书。还没反应过来的尼古拉吃惊地问：“我们不是要被转移到别处吗？”答案当然

∧沙皇尼古拉二世的全家福照片。他们在 1918 年 7 月 17 日晚惨遭灭门，据说是叶卡捷琳娜地方政府所为。

是否定的。还没等他们反应过来，枪就响了，尼古拉二世头部中枪，当场毙命；皇后亚历山德拉身中一枪，死前在胸前画了个十字；他们的 5 个子女——4 位公主 1 位王子，最大的 22 岁最小的 14 岁——全部被机关枪扫死。检查尸体的时候，尤罗夫斯基发现躺在父亲臂弯里的阿列谢克还在呻吟，就对着他的耳朵里又补了两枪。当他们以为工作已经完成准备撤离时，又发现尼古拉最小的女儿阿纳斯塔西娅（Anastasia）仍在动。原来刚才她只是吓昏了，这会儿醒了过来。凶手们立即涌上前，用枪托把她砸死了。

所有尸体都被床单包裹起来抬上了卡车运走，为了不让人认出尸体的身份，行刑队还剥下他们的衣服，在尸体上浇上硫酸毁容灭迹，并用汽油焚烧火化，残余骸骨被填进了一口废弃的矿井中。①

在经历了一系列战败和无尽的痛苦后，俄国终于退场了。但脱离欧洲大战的俄国并没有享受多长时间的和平，它很快又陷入了内战。不甘心失败的白俄将军同红色布尔什维克之间的战争才刚刚开始，在今后 5 年的混乱中，将有 1500 万人丧生——比一战中死于前线的人还要多 650 万。

① 这些遗骸在 1998 年被找到，后被重新安葬在圣彼得堡的教堂里。但有一种说法称沙皇最小的女儿阿纳斯塔西娅公主装死逃过了一劫，后来至少有十位以上的女子出来宣称自己就是阿纳斯塔西娅公主，但没有确凿的证据来证明。

第十二章
精疲力尽

★ ★ ★

“最后的胜利属于还有活人的那一方。”

——贝当

1917 年 2 月 24 日，在西线阿拉斯（Arras）的英军发现德军突然向自己的阵地开炮，阵地上的东西几乎都被摧毁。还没等英国人醒过味儿来，他们突然发现德国人居然后撤了！这简直不能置信，因为双方之前为争夺每一寸土地都打得不可开交，而这次德军竟然主动放弃了阵地，而且是后撤了 20 英里！这等于之前德军士兵的血都白流了——这里每一寸土地都浸透着德国人的鲜血，而现在，他们竟然撤退了！

德国人撤退的原因不是打不过英军了，鲁登道夫的目的是撤到一个更坚固的新防线——兴登堡防线（Hindenburg Line），这个花费了 4 个月修筑的新防线由许多钢筋水泥堡垒组成，能够互相支援，战壕后布有 5 行 3 米高、1.5 米厚的铁丝网，铁丝网后面是藏有机关枪的碉堡，地下还有蜂窝般的暗室与暗道——上面覆盖着 6 米多厚的泥土，大炮根本摧毁不了它们。更重要的是，缩短的战线可以解放出 13 个师的兵力，因为德军的兵力已经处于劣势，对方有 400 万人，他们只有 250 万。

但如果协约国在德军撤退的时候发起进攻怎么办？鲁登道夫告诉手下不用担心，因为他们截获了一份意大利外交部发往俄国彼得格勒的电报，电报显示英法的进攻要拖延到 4 月才能展开——在协约国高层指挥官的会议上，协约国的领袖们一致同意发起进攻，但对于在哪个战场发起进攻，大家又吵成了一团。英国新首相劳合·乔治想在意大利战场，黑格提议在佛兰德斯地区，霞飞仍然钟情索姆河，尼韦勒则提出了舍曼代达姆（Chemin des Dames，法文“贵妇人路”）进攻计划，总之是七嘴八舌互不相让。最后尼韦勒说服了劳合·乔治，他极有信心地宣布他在兰斯（Rheims）附近的进攻计划将像“一次巨人的拳击”，能在 24 小时或 48 小时内结束大战。劳合·乔治对此表示同意，因为他对尼韦勒脑袋的形状很满意，信奉“颅相学”（有点像中国的相面，据说可以通过一个人脑袋的形状看出这个人的性格和命运）的他觉得尼韦勒脑袋的形状很不错，大有胜利的希望。另一个使他点头赞同的原因是这次进攻的主要任务将由法军担任，而不是英军。但尼韦勒 2 月发起进攻的要求却被黑格否决掉了，他坚持 5 月才能开战，因为他进攻佛兰德斯的计划被否决掉了，他对此很不爽。最后的妥协结果是尼韦勒的进攻在 4 月 1 日开始，这给了德国人从容撤退的时间。

由于协约国的拖拖拉拉，后撤的德军不但全身而退，而且还毁掉了放弃地区里的所有东西，在他们的“焦土”政策下，所有建筑物都被炸毁，一幢房屋也没留下，桥和铁路被炸断，树被砍倒，废墟里被埋上了地雷，连水井里都被下了毒，甚至每一个十字路口都被破坏掉了，为的是让敌人难辨方向。撤到新防线的德军已经意识到了敌人即将发起的进攻，在舍曼代达姆的兵力已经由 9 个师扩大到了 38 个，但尼韦勒却对此不以为意，他信心满满地说，德军越多，他就有机会消灭得更多。虽然有很多人都怀疑尼韦勒的计划，但这种怀疑都被认为是嫉妒——是对新任法军总司令的嫉妒。尼韦勒甚至威胁如果不让他发动进攻，他就辞职。最后，他赢了。

1917 年 4 月 9 日——这天是鲁登道夫 52 岁的生日——协约国的进攻开始了，在阿拉斯的英军取得了重大进展，他们拿下了位置重要的维米岭，并且前进了 3~6 英里，这在以前是从未有过的。但他们的伤亡也同样重大，共有 15 万士兵伤亡（德军伤亡 18 万）。

4 月 16 日，尼韦勒在舍曼代达姆的进攻也开始了，但德军早有准备——因为尼韦勒到处跟人讲他要发动这次“伟大的进攻”，逢人就说，后来连巴黎的咖啡馆都知道了,大家一边喝着咖啡一边谈论着这次进攻发起的时间和细节。所以等到法军进攻开始的时候德国人早就对他们的计划了如指掌了，他们已经设计出了一种弹性防御的新战法来对付法军，这等于尼韦勒用他的旧战术去对抗鲁登道夫的新防御体系。120 万法军在进行了一周的大炮轰击之后开始进攻，但因为德军第一道防线位于山后的山坡上，所以法军的大部分炮弹都从他们顶上飞了过去，根本没有炸到他们。在大炮轰击过后，法军士兵还要渡过埃纳河

（Aisne）穿过没踝的泥淖爬上陡峭的山坡，而山坡上布满了德军的铁丝网和藏有机关枪的碉堡。偏偏天气也跟法军作对，他们进攻前夜开始下雨，后来转成雨夹雪，最后干脆变成了暴风雪。到中午的时候，德军的预备队开始投入反击，因为他们离前线足够远，所以法军事先的大炮轰炸根本没伤到他们。到这一天结束的时候，疲惫的法军被击退，尼韦勒前进 6 英里的计划只完成了不到 600 米。为了防范法军的夜袭，德军还在铁丝网上挂上了铃铛，只要法军士兵在黑暗里碰上就会发出响声报警。德军还在法军炸开的缺口上点起了火焰，为自家的火炮和机枪提供目标，于是这些缺口成了法军士兵走向另一个世界的通道。更糟糕的是法军对伤员的医疗救助不给力——3500 个病床只有 4 根体温表。

正所谓希望越大，失望越大。在受到一系列的挫折后，陆军部长潘维勒（Painleve）开始拒绝尼韦勒的再次进攻，坚持进攻的尼韦勒声称如果在 48 小时内还没有突破，他就停止进攻。但他很快发现根本没法再次进攻了，因为他的部队已经处于崩溃的边缘，不但弹药数量低而且士气也很低，一些士兵甚至高喊："结束战争！""让那些该对战争负责的人去死吧！"甚至有人喊出了："打倒无能的笨蛋将军！"这些士兵开始成群结队地酗酒罢战——拒绝再上前线。而在火车上的士兵则开始高唱国际歌，整师整师的部队开始拒绝执行命令并自行解散，一些士兵组团在城镇里游行，一边走还一边咩咩地叫着，以行为艺术的方式表示他们是被推上屠场的羔羊……一共有 54 个师发生了哗变——也就是罢战，一些不满的士兵甚至投降了敌军，并向德军讲述了法军兵变的情况，但德国方面认为太离谱而并未采信。

最后，法国总统普恩加来叫停了进攻，因为传到巴黎的说法称法军实际伤亡比统计的数据大好几倍，而法军伤亡统计数据就已经很惊人——有 27 万人，其中 10 余万人阵亡（德军伤亡 16.3 万）。4 月 28 日，潘维勒将贝当提拔为法军总参谋长，并要求屡战屡败的尼韦勒辞职，但尼韦勒竟然拒绝离开，当贝当被任命为新任总司令后，他仍然大吵大闹拒绝辞职。

贝当上任后立马在第一个月里走访了部队的 90 个师，倾听意见慰问伤兵，为前线士兵安排休假——每 4 个月 7 天。他还答应改善娱乐条件，改进伙食，并提出口号：“多用钢铁，少流鲜血。”而且承诺年底前不再发起大规模进攻。到 6 月底的时候，兵变已经逐渐平息了下来。

为了不让德国人察觉法军已经自乱阵脚自顾不暇，英军向德军发起了一次牵制性的猛攻。1917 年 6 月 7 日凌晨 3 点左右，黑格在佛兰德斯伊普尔地区的进攻开始，他的计划曾遭到许多人的反对，因为这里地势太低，干旱季节挖几锹土就能挖出水来，到了雨季就会变成烂泥塘。但黑格还是在没有获得劳合・乔治批准的情况下发起了进攻。劳合・乔治认为黑格的计划不会成功，丘吉尔也认为黑格的计划不会成功，贝当也认为黑格的计划不会成功，福煦则称黑格的计划是“无用的、幻想的、危险的”——意思就是这个计划不会成功。但黑格拒绝听任何人的意见。在进攻前，英军引爆了隧道中埋设的地雷——这个埋雷计划从 1916 年就开始了，英国的矿工像鼹鼠一样用了一年的时间挖掘了 20 条几乎长达 1 英里、深 100 英尺的地道（地道中还用上了电动抽水机抽水），一直通到德军占领的梅西讷岭（Messines Ridge）下。山上有德军的炮兵观察哨，但德国人只发现并摧毁了其中一条，剩下的 19 条没有被发现，英国人在这 19 条地道里面填满了炸药——共 100 万磅（约 45 万千克）。

“先生们，我不知道我们是否将在明天改变历史，但我们肯定将改变地理。”英军指挥官普卢默（Plumer）在地雷爆炸前说道。6 月 10 日凌晨 3 点 10 分，19 处地雷一起爆炸，把整个山岭都炸飞了。2 万名德军被送上了天，像房子那么大的泥块从天上纷纷落下。巨响震得似乎地球都在晃动，连在英吉利海峡对岸的伦敦都能听到动静，在唐宁街加夜班的劳合・乔治都听到了微弱的隆隆声。

在炸药威力的作用下，英军在未失一人的情况下就占领了这个——大坑。但黑格却下令暂停进攻，因为他不想让自己的军队脱离炮火的掩护范围。

7月15日，英军重新开始了大炮的轰击，这次轰击的强度超过了索姆河的那次，截止到月底，共有400万发炮弹发射了出去。3万名德军被炸死炸伤，德军的阵地像犁地一样被炮弹翻了几遍，活人被埋在土里成了死人，死人又被炸得翻腾了出来。黑格的计划是，一把德军逼退，英军就在德军防线后的海岸进行两栖登陆，这是英国海军的拿手好戏。皇家海军的大炮会掩护这些登陆者，德军则会因兵力不足而撤离海岸。

黑格的计划听起来是可行的，但却存在着一个致命的缺点——德国人已经知道了他的企图。在黑格发起登陆前，德军已调遣了14个师的兵力前来增援。

随着时间一天一天过去，黑格逐渐变得焦躁起来，因为雨季马上就要到了，而准备工作却还没有完成。战役开始时间从7月25日改到了28日，后来因为出现了大雾，日期又往后推迟了3天。7月31日凌晨，黑格的进攻终于开始了，17个师的兵力发起了进攻，另外17个师的兵力则在后面待命。而德军的防守部队已经严阵以待了，前线的机关枪密密麻麻就像黄蜂的蜂巢，9个师在前线，后面跟着6个师，6个师后面是2个师，2个师后面还有3个师——这样一旦前线出现缺口，后面的部队就会马上补上。

就在黑格部队取得小小突破后，进攻被迫停了下来，因为下起了淅淅沥沥的小雨，到下午快结束的时候，小雨开始转成大雨。7月一个月都没下雨，现在英军刚开始进攻两天，大雨就来了。8月2日，大雨变成了暴雨，大地马上变成深不见底的沼泽和烂泥地，到处都是泥水，水里不但漂浮着垃圾、罐头、死人，还漂着人的大便，因为厕所也被淹了。许多士兵陷入泥沼之后就再也没有出来。这样的大雨一共持续了两天，黑格只得下令停止进攻。英法军队伤亡已达6.8万人。

8月14日，黑格开始策划再次进攻，但天又开始下雨了，战斗只好再向后拖延两天。当战斗终于重新开始的时候，又陷入了僵局——伤亡很大，战果几乎没有。两年前，德军在这里首次使用了氯气，现在又在这儿推出了新式毒气芥子气。在三周半的时间里，黑格前进了 2 英里，这是他原计划中第一天目标的一半。等待着两栖登陆的部队也悄悄地解散了，因为他们发现没戏。但黑格仍然坚持进攻，他坚持不击溃德军决不罢手。

不过第 2 集团军的普卢默将军找到了一种反攻战术来削弱德军的攻势，他要求他的部队前进的距离要小——其实本来就很小，平时推进一次只有几英里——小到德军懒得发起反击，这样才能逐渐积累力量，逼迫德军后退。他利用 9 月前三周雨已停歇的天气布置好了阵地，大炮、机关枪和散榴弹都已准备好，他要炮击敌人 350 万次。等到德国人发现英军完成他们当天的前进任务时，天已经黑了，而且英军已经修筑好了防御工事，他们没有办法发起有效的反击了。在这样的蚕食战术下，德军的据点一个个丢失，这使得德国人重新拾起老的防御战术。他们安排大量部队组成更为强大的防线阻止英军向前推进，但他们太急于反攻了，由于他们把预备队排得太靠前，以至于很快就被敌军的炮火摧毁了大半。就在德国人惊慌失措的时候，倾盆大雨又来了，接连几天的大雨把佛兰德斯变成了大湖，弹坑和洼地则变成了一个个小湖。英军将领开会商议结束战斗，但黑格坚决反对，因为停止就意味着前功尽弃。于是帕斯尚尔（Passchendaele）战役的第一次进攻于 10 月 9 日开始，地点是在一个叫“激情谷”的地方，但这次战役却毫无“激情”可言，由于不断下大雨，地面上所有东西都被水淹没了，每个弹坑都成了一个小湖，里面的尸体浮浮沉沉，水下面的烂泥则深不见底，一不小心就会陷下去。大炮、铁轨都被淹没，只能用骡子来运送炮弹，但最后这个法子也行不通了，因为连骡子也淹死了。发射出去的许多炮弹直接没入水中销声匿迹。

在这种沼泽地里，双方都死伤惨重。这场烂泥塘里的混战一直持续到了 11 月，黑格于 11 月 6 日宣布取得胜利，因为他们把德国人赶出了帕斯尚尔岭——代价是伤亡了 25 万人，双方都已是精疲力尽。但黑格并不满意，他于 11 月 20 日在阿拉斯老战场附近的康布雷（Cambrai）发起了又一次进攻，因为这里地势平坦干燥，不像伊普尔是个烂泥塘。这次进攻英军动用了 216 辆新式坦克和新兴的战术——3 辆坦克编为一组配合前进，但其中 71 辆中途因机械故障退出战场，65 辆被敌人炮火击毁，43 辆选择了抛锚式的沉默，只有几辆像公牛一样冲破了德军的防线，就是这几辆坦克把德军吓跑了。但黑格又一次没有利用这次“胜利”，因为他几乎没打过胜仗，所以对于突如其来的胜利他显得不知所措，根本没准备。向前推进了 3 英里的英军陷入了三面包围，而后续部队根本没跟上来，德军很快将其击退了。

就在法国被兵变搞得焦头烂额刚刚缓过劲儿来的时候，他的盟友意大利又倒了霉——此时的意大利前线，互掐的意大利和奥地利军队还在僵持。由于 1916 年布鲁西洛夫的进攻把奥地利军队的主力吸引到了东线，意大利逐渐缓过气来，于是意大利总司令卡多尔纳（Cadorna）又锲而不舍地发起了第六次

^ 卡多尔纳（1850—1928 年），意大利军队的总司令，他具有战略头脑但缺乏战术知识。他用铁腕手段治军，除颁布一般的命令外，他很少再做其他事。

伊松佐河战役，第六次失败后又发动了第七次，第七次失败后是第八次，第八次失败后是第九次，第九次失败后是第十次，第十次失败后又是第十一次……对于战果让他不满意的部队，他下令实行古罗马的“十一抽杀律”，每十个士兵中枪毙一个。由于进展不大，卡多尔纳只好向英法求救，但英法只给他送来了枪炮，要人——没门。顶不住意军压力的奥匈帝国新任皇帝卡尔一世也再次向德国人求救，鲁登道夫对此予以拒绝，卡尔只好转而向德皇求救，最后还是德皇威廉二世答应了他的请求，德国决定抽调组建第 14 集团军开往南方。

在敌人进攻即将开始的时候，前线的意大利第二军团司令卡佩洛还躺在床上，病重的他拒绝交出指挥权去住院，而是坚持躺在司令部的床上指挥军队，直到 10 月 23 日他才不情不愿地交出了指挥权。而就在第二天，德奥联军的进攻就开始了。10 月 24 日，33 个师的德奥联军在浓雾的掩护下向 41 个师的意大利军队发起了进攻，第一天就推进了 10 英里，在一个叫卡波雷托（Caporetto）的小山村他们成功突破了意军的防线。意大利人前十一次伊松佐战役取得的成果，在一个下午就化为泡影。卡多尔纳的后撤很快就变成了逃跑，20 多万意大利军队投降——这些投降的士兵甚至高喊着“奥地利万岁”和“向罗马进军”等口号鼓励德军继续前进。德军曾命令追击不得超过塔利亚门托河（Tagliamento），但他们很快就超过了目标，后来由于补给跟不上才不得不止步——另一个原因是缴获的意大利食品太多，他们都吃撑得实在追不动了。德奥联军 70 天前进了 80 英里，但他们太疲惫了，而且冬天已到。

意大利军队一直跑到塔利亚门托河以南 20 英里的皮亚韦河（Piave）才收住脚。这次战役一共损失了 30 万人，这导致罗马政府的垮台，卡多尔纳也被免职。为了挽救意大利，英法两国赶紧调了 11 个师去助战，才勉强帮意大利人稳住了战线。

德军的增援暂时挽救了奥匈帝国，但没有让它从鏖战中解脱出来，南方战线仍在继续，而此时的奥匈帝国几乎已经变成了一个空壳，根本无力再战了。

为了挽救这个庞大的帝国，不到 30 岁的卡尔一世开始希望停战，于是他派了他的两个妻弟去跟协约国秘密谈判，同意把阿尔萨斯和洛林还给法国（反正阿尔萨斯和洛林也不是他们的），但他并没有把这一想法告诉德国人。俗话说得好，世上没有不透风的墙，纸里包不住火，要想人不知除非己莫为……德国人知道卡尔的小动作后大为惊怒，因为卡尔竟然想抛弃自己这个曾挽救过他的战友。当法国报纸披露出谈判的细节时，惊慌失措的卡尔一世立即予以否认，并强烈谴责报道是恶意捏造。于是法国人不再与其谈判，他们认为卡尔一世就是个骗子。后来卡尔自己也发现，谈判不可能成功，因为谈判的条件就是把奥匈帝国拆了——俄国、意大利和罗马尼亚都被许诺过瓜分一块奥匈帝国的土地，

奥匈帝国末代皇帝卡尔一世（1887—1922 年），因为他经常突然改变主意，所以大家都叫他“突然卡尔”。他是老皇帝弗朗茨·约瑟夫的侄孙。延续 600 多年的哈布斯堡王朝覆灭后他流亡到瑞士，最后死于流放地——大西洋上的马德拉岛。

他们战争的目的就是这个。

到 1917 年快要结束的时候，双方在欧洲的火拼继续胶着着，唯一的胜利来自遥远的中东——在中东战场，奥斯曼土耳其屡战屡败，1916 年俄国人将其赶出了高加索，消灭了 10 万土耳其人。好不容易捱到了 1917 年，土耳其幸运地因北方俄国的崩溃而获救，但南方的威胁很快又来了，英国开始分两路由埃及和波斯湾向中东挺进，并且开始支持阿拉伯人反对土耳其的起义。

本来英国人出兵中东只是为了保护这里的油田，但轻易地占领巴士拉（Basra）后他们又瞄上了巴格达（Baghdad），那是《天方夜谭》中的梦幻之都。但这里的气候却是白天热晚上冷，起风就有沙尘暴，大雨过后地上满是沼泽和

﹀ 1916 年，土耳其军队的库尔德骑兵驻扎在高加索和东金牛座山。

盐湖，苍蝇四处乱飞，疟疾肆虐……就像一句阿拉伯谚语说的那样：“上帝创造了地狱，但觉得还不够，于是又创造了美索不达米亚。”1915 年 11 月，查尔斯・汤森德（Charles Townsend）将军率领的英属印度军已经逼近巴格达，但他们很快被 72 岁的德国老将戈尔茨（Goltz）击退——本来这位足智多谋的老元帅已经退休了，这次是他主动要求出征的。汤德森的远征军被土耳其军团团围在库特伊马拉（Kut-el-Amara），一直围了 5 个月。后来的英军部队为了帮他解围先后反攻 3 次，但都没有成功，反而损失了 2.2 万人——相当于被解救兵力的 2 倍。因为没有粮食，汤森德只能下令宰掉战马给士兵们吃，一共宰了 1100 匹，但还是有大批士兵饿死，因为他们都是印度人，拒绝吃马肉。

1917 年在巴士拉和纳西里耶之间的军事铁路上的部队火车。

∧ 一战中的英属印度军队。

︿ 该图描绘的是1915年11月在美索不达米亚的塔克基斯拉宫遗址附近的英国军队。

＜1917年英军正向美索不达米亚前进。

1916 年 4 月 26 日，吃完最后一匹战马的汤德森部队向敌人投降。此次战役英军总共损失达 6000 多人，简直是赔了老本又折兵。

但不久英国的转机就到了，因为在巴格达的戈尔茨病死了。1916 年 8 月，英军在新司令莫德（Maude）的指挥下重新发起了进攻，他们有 12 万士兵，还有 13 万的船舶劳工和纤夫，天上有飞机，河里有军舰。对面装备低劣的土耳其人只有可怜的 3.5 万人。1917 年 3 月 11 日，英国人在美索不达米亚的高投入终于得到了回报，他们终于占领了炎热的巴格达。但就在 11 月 18 日，莫德因突发的霍乱死在了巴格达的一栋房子里——18 个月前戈尔茨就是死在同一个地方——可能是心有不甘的戈尔茨把他带走的。

在西面的巴勒斯坦，土耳其人主动出击。1915 年 2 月，驻叙利亚的土军司令杰马尔率军 2 万穿过干旱无水的西奈沙漠，长驱奔袭 120 英里，直逼埃及的咽喉苏伊士运河。虽然土耳其人被击退，但这还是把英国人吓得够呛，赶忙组织万国联军前来救援。1916 年 3 月，阿奇博尔德 · 穆勒来到埃及负责保卫苏伊士运河。俗话说“工欲善其事，必先利其器”，“要想打赢，后勤第一”，穆勒首先开始修筑铁路并铺设水管，以便为下一步进攻提供充足的后勤保证。在他修路期间，阿拉伯人反对土耳其的起义帮他牵制住了对手。6 月 9 日，控制了麦加的阿拉伯酋长侯赛因 · 伊本 · 阿里（Husein Ibn Ali）宣布建立汉志（Hejaz）王国。8 月，德土联军向西奈半岛的再次进军被穆勒击败，被迫退回巴勒斯坦。一直到 1917 年初，经过了一年的准备，英军才完成铁路和水管工程。但穆勒对加沙的进攻却失败了，他用 10 倍于敌的兵力进攻竟然失败了，而且损失了 1 万人，土耳其军队只损失了不到英军的一半。

这样丢脸的失败连英国首相劳合 · 乔治都看不下去了。1916 年 6 月，劳合 · 乔治任命绰号“公牛”的埃德蒙 · 艾伦比（Edmund Allenby）为新任驻埃及英军司令，代替只待在饭店从不去前线的穆勒。出征前，他对艾伦比说：“我希望你能拿下耶路撒冷作为献给大英帝国的圣诞礼物。”艾伦比是黑格推荐给劳合·乔治的，因为黑格很不喜欢他，原因是艾伦比老是在战役中随机应变不坚决执行黑格制定好的计划，所以他把艾伦比推荐到了遥远的中东，离自己远远的。

艾伦比的效率比穆勒高，他只准备了一个夏天。1917 年 10 月，艾伦比以穆勒 2 倍的兵力向巴勒斯坦发起了进攻。而土耳其人也得到了增援，由于罗马尼亚和俄国已经崩溃，所以法金汉从东线调来了部分兵力，组成了“闪电”部队增援，但他们的实力还是弱于对手。英军除了占有 2:1 的优势外，还有两支援军配合——一支是本·古里安（Ben-Gurion）组建的犹太军团，这支由从全世界招募来的犹太志愿者组成的军队是为了在巴勒斯坦实现犹太复国

∧ 艾伦比（1861—1936 年）脾气暴躁，绰号“公牛”，但他也是头聪明的公牛，在战后“谁是大战中最优秀的英国陆军将领”的评选中，他名列第一。

的梦想，多年后这个梦想才得以实现，本·古里安也成了以色列的首任总理。另一支是由能文能武、多才多艺，既是军事家，又是政治家，既是翻译家，又是考古学家，既是文学家，又是谍战高手，既是个私生子又终生未娶并且跟女老师私奔过，据说还是个同性恋的传奇人物——劳伦斯（Thomas Edward Lawrence）率领的阿拉伯起义军。劳伦斯本来在中东挖坟考古，一看到战争爆发，他就主动请缨，在阿拉伯人中发动反对土耳其的起义。他骑着骆驼，穿着阿拉伯人的长袍，在沙漠中联络各阿拉伯部落，最后和阿拉伯王子费萨尔

〉据说身高只有1.65米的传奇人物劳伦斯(1888—1935年)，他被丘吉尔称为“我们这个年代最伟大的人物之一”。1935年5月，退隐江湖的劳伦斯飙着摩托车去邮局，为避让两个骑自行车的小男孩而把自己甩了出去，头部受重伤的他6天后去世，年仅47岁。

（Feisal）结为了好友——费萨尔后来成了伊拉克国王。他率领骆驼小军团，采取打了就跑的游击战术一路袭击土耳其驻军的补给线，让死海沿岸的土军陷入了瘫痪。在 1917 年 12 月的一次刺探情报的行动中，劳伦斯不幸被捕，对他恨之入骨的土耳其士兵对他进行了严刑拷打，极尽侮辱之能事……不过劳伦斯还是挺过来了，最终他凭借机智金蝉脱壳，越狱成功。后来他在中东的这一系列传奇经历被好莱坞搬上了荧幕——这就是获得了奥斯卡奖小金人的电影《阿拉伯的劳伦斯》。

在援军的配合下，吸取了穆勒教训的艾伦比实行了声东击西的战术，他把大部队集中在加沙（Gaza），做出要大举进攻的样子。又安排了一名英国军官跟土耳其的巡逻队“巧遇”了一下，匆忙逃走时还“不慎”把公文箱包丢了，箱子里面装的都是如何夺取加沙的“机密”计划。当上当的土军把兵力都集中到了加沙的时候，艾伦比于 10 月 31 日突袭了加沙东面的比尔谢巴，这个小城里的 7 口水井给英军提供了沙漠中最宝贵的财富——水。11 月 7 日，英军在舰炮的支援下占领了加沙。1917 年 12 月 9 日，艾伦比拿下了圣城耶路撒冷，英国的圣诞礼物提前收到了。

英国人的目的达到了，但并没有对总战局造成什么影响，胜利不是军事上的，而仅仅是精神上的，因为巴格达和耶路撒冷离欧洲太远了，远水救不了近火。在 1917 年即将结束的时候，德国内部正处于混乱状态，兴登堡和鲁登道夫以辞职相威胁，迫使德皇同意首相贝特曼辞职，他们声明已经没法跟贝特曼合作——因为贝特曼支持以和谈方式结束战争，他甚至提出可以给予比利时自治待遇，甚至阿尔萨斯和洛林的问题也可以谈。

法国内部也处于混乱状态，政府已经走马灯似的换了四届，有一届政府只存在了一天。1917 年 11 月，法国总统普恩加莱任命他的老对头乔治·克里孟梭为内阁的新总理。虽然普恩加莱和克里孟梭都看不上对方，克里孟梭把普恩加莱说成是“一个没用的废物”，“是和阑尾并驾齐驱的世界上最没用的两个

埃德蒙·艾伦比进入耶路撒冷圣城。

1917 年 12 月 9 日耶路撒冷的土耳其驻军向英军投降。

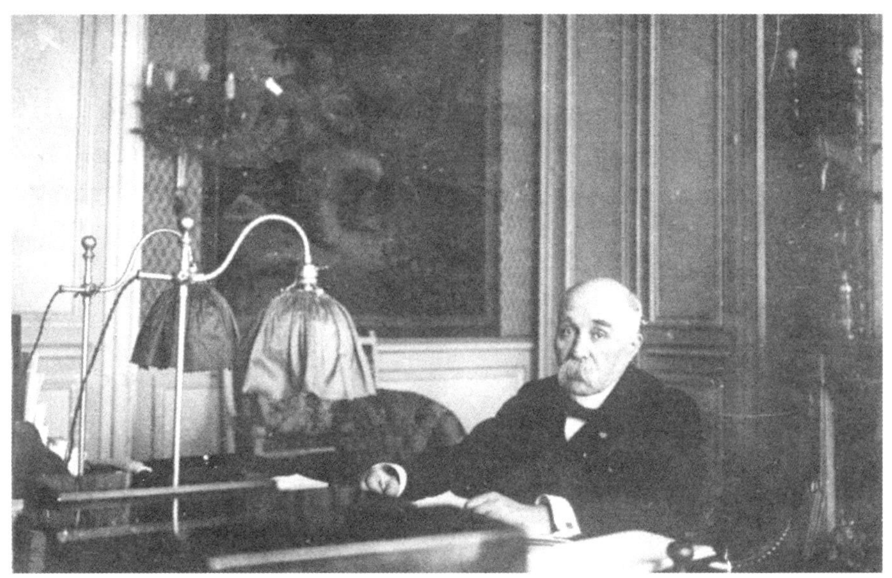

∧ 乔治·克里孟梭（1841—1929 年）在没有当首相之前创办了许多报刊来批评反对政府的各项政策，在他的煽动和攻击下，有 18 届法国内阁倒台，他也因此被誉为“倒阁圣手”。但在就任首相之后，他立马下令查封了反对政府的一切报刊。

东西”，甚至高调声称要和总统夫人上床，普恩加莱则把克里孟梭叫作“一个狂妄愚蠢的老疯子”，但他们有一个共同点——痛恨德国。3 年里法国已经换了 4 个总理了，但都没有搞定德国。但这次不一样了，这位充满活力斗劲十足的新首相的外号是“老虎”，已经 76 岁的他每天早晨 5 点准时起床，然后进行 2 个小时的阅读和半个小时的健美操锻炼。他的政策是：无论什么事，只要有助于取得胜利，就要去做。在众议院的会议上，克里孟梭声称：“我的对内政策是：我要作战。我的对外政策是：我要作战……任何时候，任何地方，我都要作战……我将不断作战直到最后一口气。”

同盟国虽然在东线取得了一系列的胜利：1915 年消灭了塞尔维亚，1916 年干翻了罗马尼亚，1917 年打残了俄国，意大利也被打得差点儿挂掉……但这根本没用，因为起决定作用的是西线，在那里双方仍在僵持死磕。而对协约国来说，1917 年是开局倒霉结局光明——协约国虽然在东线失败了，但他们最终还是因为西线的胜利而取得了最终的胜利。因为来自美国的援军马上就要到了。

第二章末斐迪南大公血衣下落的正确答案：C

∧ 斐迪南大公遇刺时所穿血衣。

第十三章
美国上场

★ ★ ★

“终战时无法如开战时一般理直气壮的领袖们将自食其果。”

——俾斯麦

1917 年 4 月 6 日对协约国来说是战争中最重要的一天，因为这一天美国参战了，对因俄国退场而陷入被动的英法来说这简直是雪中送炭。

一开始美国人对欧洲打得热火朝天的大战并不热心，毕竟离自己那么远，正所谓事不关己高高挂起，对于欧洲的厮杀就当一场血腥恐怖的战争大片，看看热闹就行了。随着大战持续升温，欧洲各交战国的经济开始捉襟见肘，他们开始既缺钱又缺炮，既缺粮又缺药。中立的美国人正好渔翁得利大做买卖，在中间赚翻了，从 1913 年到 1916 年，美国的出口额从 6.9 亿美元飙升到了 30 亿。美国总统伍德罗·威尔逊（Woodrow Wilson）就是对选民们保证美国不会去欧洲搅和才顺利当选新一任总统的，但第二年他就把美国人带进了战争，因为很快情况就发生了变化。

由于在陆地战场上久攻不胜，已经消耗不起的德国人开始变得焦躁起来，在 1916 年的日德兰海战结束后，德国的水上舰队再也不敢出海跟英国海军死磕了。为了打破战争的僵局，在 1917 年 1 月 9 日的会议上，多数德国领导人一致决定重新开始推行无限制潜艇战来困死英国，因为英国有 65% 的粮食、95% 的石油、88% 的铁矿石和 85% 的肉类都是进口的，只要能切断其海运航线，饿也饿死他。

一开始，德国潜艇遵守传统的“俘虏规则”——规则规定海军舰艇在攻击敌人前要先说明身份，就是自报家门；潜艇则要先浮出海面，礼貌地等着商船上的乘客和船员转移到救生艇上才可发射鱼雷将无人船只击沉。为了对付德国的潜艇，狡猾的英国人偷偷地在商船上安上了可以隐藏起来的大炮，或把军舰伪装成商船，每当他们遇到德国潜艇的时候，船员还会敬业地大声尖叫，四处奔逃，装出一副惊慌失措的样子来引诱潜艇靠近，于是德国潜艇就悲剧了，正等着对手乖乖束手就擒闭眼等死呢，突然就莫名其妙中了一炮。于是德国潜艇很快放弃了这一“先君子，后小人”的游戏规则，开始采取“宁可错杀三千，也绝不放过一个”的政策，看到商船就开火，不管是哪国的。这种战法意味着只要是驶往协约国的船只，不管是哪个国家的，都是它的猎物——一旦碰上，一律击沉，从而断绝敌人获得补给的一切可能。德国人已经受够了英国人的封锁，所以一致同意让英国人也尝尝挨饿的滋味。但这一下子把人都得罪完了，一些中立国家纷纷表示抗议——我又没惹你，干吗打我？尤其是1915年5月7日，由纽约开往利物浦的英国客轮“路西塔尼亚”（Lusitania）号在快航行到终点的时候被德国潜艇击沉了，船上的1200名旅客和船员淹死，其中124人为美国人。虽然在5月1日的时候，德国驻美国纽约领事馆就在报纸上打出广告，温馨提示乘坐“路西塔尼亚”号出行会有危险，并放出风来说这可能是“路西塔尼亚”号的最后一次航行——这虽然是一艘客轮，但也可以看作是一艘大型巡洋舰，因为英国海军在船上安装了隐蔽的大炮，船上的货物中还有美国生产的枪炮子弹，一共5000多箱。但这艘船的船长特纳却不以为意，在出航前有记者问他有关德国潜艇的威胁时，他还大笑着回答：“嗨！这是许多天以来我听到的最逗的一个笑话。”虽然船长很乐观，但“路西塔尼亚”号还是不幸中

招了。被击中18分钟后，这艘曾和“泰坦尼克号”一起被称为“永不沉没的船”完全沉没了。英国船被德国潜艇击沉并没有什么大不了的，因为两国正处于交战状态，严重的是还死了124名美国人，这件事让美国人义愤填膺强烈谴责。得意扬扬的德国人为了纪念这次胜利，还特意颁发了名为“路西塔尼亚号”的纪念奖章，这更刺激了美国人。美国各大媒体纷纷予以谴责，称其为“灭绝人性的屠杀”“蓄谋已久的残杀”，简直是“赤裸裸的海盗行径”。德国外交官警告政府必须停止无限制潜艇攻击，因为美国向德国发出了最后通牒。1916年6月5日，迫于压力，德国决定停止用鱼雷攻击所有旅客的船只，也就是中止了无限制潜艇战。

就这样，由于美国的坚决反对，无限制潜艇战一度被中止。但随着战局的僵持，德国国内已经出现了饥荒，更糟糕的是德国根本没法从海外获得补给，英国海军不断把食品和原料运回国内，而德国却做不到——日德兰海战后，英国海军舰队仍在北海死死地盯着德国的公海舰队，处于劣势的德国舰队根本不

1907年9月首航结束停靠在纽约码头的“路西塔尼亚”。

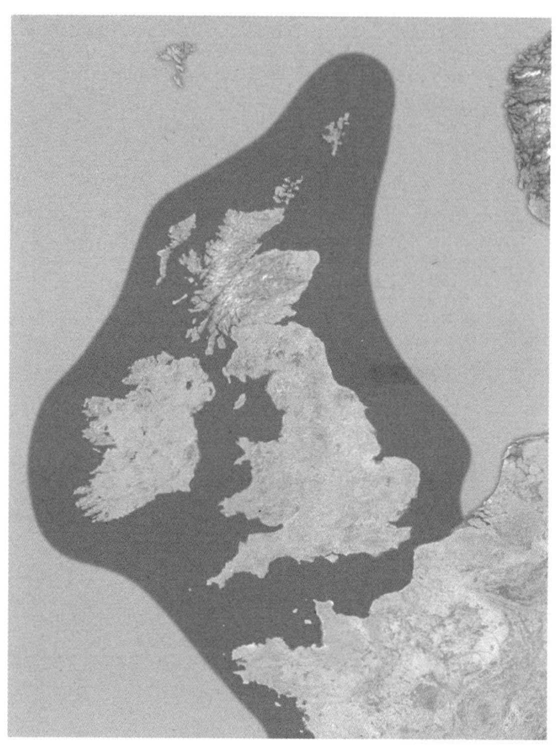

^ 1915 年 2 月德国宣布的禁区，该区域内的船舶有可能被搜查和攻击。

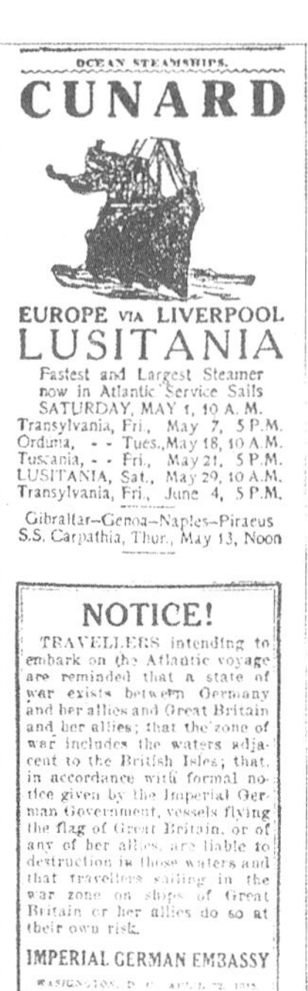

OCEAN STEAMSHIPS.

CUNARD

EUROPE VIA LIVERPOOL
LUSITANIA
Fastest and Largest Steamer
now in Atlantic Service Sails
SATURDAY, MAY 1, 10 A. M.
Transylvania, Fri., May 7, 5 P.M.
Orduna, - - Tues., May 18, 10 A.M.
Tuscania, - - Fri., May 21, 5 P.M.
LUSITANIA, Sat., May 29, 10 A.M.
Transylvania, Fri., June 4, 5 P.M.

Gibraltar–Genoa–Naples–Piraeus
S.S. Carpathia, Thur., May 13, Noon

NOTICE!

TRAVELLERS intending to embark on the Atlantic voyage are reminded that a state of war exists between Germany and her allies and Great Britain and her allies; that the zone of war includes the waters adjacent to the British Isles; that, in accordance with formal notice given by the Imperial German Government, vessels flying the flag of Great Britain, or of any of her allies, are liable to destruction in those waters and that travellers sailing in the war zone on ships of Great Britain or her allies do so at their own risk.

IMPERIAL GERMAN EMBASSY

^ 德国驻美国纽约领事馆针对“路西塔尼亚”号发出的官方警告。

敢轻易出海——打都打不过人家，更别提运送物资补给军火了。这样长期下去不被打死也会被饿死。于是有人再次提出了无限制潜艇战。德国海军总参谋长霍尔岑多夫（Holtzendorff）称只用 6 个月就能制服英国，因为英国这个岛国比德国更怕经济封锁。当德皇提出这可能导致美国人参战时，霍尔岑多夫打包票说：“作为一个军官，我想告诉陛下，没有一个美国人会在欧洲大陆登陆。”而且他们的经济学家经过一番计算也得出了结论：只要潜艇每月击沉 60 万吨的商船，用不了 6 个月，5 个月就能把英国人饿死。

于是无限制潜艇战继续开打，德国潜艇又开始见谁打谁，而且他们在大西洋航道上到处布雷——把英国陆军大臣基钦纳都炸死了。从 2 月到 4 月，英国的海上运输被搞得几乎瘫痪，离开英伦三岛的船舶每 4 艘就有 1 艘一去不复返，一些小的中立国也不再愿意冒险给英国送补给，为点钱赔了命才不上算呢。由于粮食供应短缺，4 月底英国政府只剩下 4 个月的余粮了，不得不宣布实行粮食配给制。随着德国击沉协约国船只的数量达到最高峰，美国人对德国的不满也达到了最高峰——美国对德国早就不爽了，本来可以趁着大战倒卖物资大赚一笔的，可是德国的无限制潜艇战分明就是捣乱，简直是断人财路，开往英法的军火船只经常被德国潜艇击沉，不敢出海的肉和粮食都堆在美国港口的码头发了臭，这生意简直没法儿做了。

虽说美国人嘴上喊着保持中立，但其实美国总统威尔逊心里还是倾向于以英国为首的协约国的，除了两家人都说英语外还有最重要的一点——英国人和法国人为了打大战借了美国不少钱，要是协约国输了，这笔账找谁要去？于是威尔逊开始考虑如何让美国尽快参战——尤其是在俄国退出大战已经严重削弱了协约国的力量之后。

除了无限制潜艇战得罪了美国人外，还有一点就是德国间谍太笨了。在战争爆发后，德国间谍不断在美国搞破坏，他们造谣煽动美国工人罢工，到处安放炸弹破坏工厂生产，有几个间谍甚至想把炸弹安在美国的国会大厦里。这一切让美国人怒火万丈，简直是把美国往协约国怀里推，而他们还天真地认为

第一次世界大战期间德国潜艇击沉协约国舰船情况（单位：吨）	
1914 年	310000
1915 年	1301000
1916 年	2322000
1917 年	6270000
1918 年	2659000

这样就能阻止美国的物资卖到英国人手里——他们没有搞明白，这些东西在向英国人交货之前还是属于美国人的。负责在美国宣传的德国特工头子阿尔贝特（Albert）干脆马虎地把装满机密文件的公文包忘在了火车上，结果被跟踪他的美国特工捡到——里面有德国所有的破坏计划。美国政府得到这些文件后，将文件内容在报纸上进行了连载，于是德国在美国本来就不高的形象立马又降了几个等级。而且德国人还密谋在经美国港口运往英国的粮食中散播鼠疫病毒，这一阴谋被英国情报部门捕获并公之于众，这一下三滥的手段更是让美国人民群情激奋，美国政府于是下令驱逐了德国驻美的陆军和海军武官。

除了间谍犯傻外，德国还在外交方面犯了傻。德国外交大臣亚瑟·齐默曼（Arthur Zimmermann）为了争取到墨西哥的支持，向德国驻墨西哥大使发了一封电报，他在电报中表示希望与墨西哥结盟对抗美国，并支持墨西哥夺回上世纪被美国夺去的得克萨斯、新墨西哥和亚利桑那等领土，以此作为回报。但墨西哥这时候正被革命闹得焦头烂额，国家四分五裂，几乎处于无政府状态，根本帮不上什么忙（墨西哥政府后来拒绝了这个提议，只能说和德国政府比起来，墨西哥政府很正常），德国选他做盟友真是不知道怎么想的。这份绝密的文件本来是计划通过潜艇送过大西洋去的，因为这样更保险，但计划出海的潜艇突然被取消了，所以齐默曼就改用电报将它发给了华盛顿的德国大使，他传送电报用的是一条美德专用的电报线，但是不幸的是，这条电报线的所有权是英国的，更不幸的是这份电报被英军截获了，而且英军已经破译了德国的密码，这个重磅炸弹让英国人高兴万分，他们早就憋着劲儿拉美国人下水了。1917年2月23日，英国情报部门把齐默曼的电报内容告诉了美方，为了避免德国知晓他们的密码已经被破译，英方说这是在一艘截获的船上发现的一份电报拷贝。28日晚上，齐默曼电报的内容登上了美国东西海岸的各大报纸——都是头条——整个美国为之震动，但由于太震动太劲爆了，许多人都怀疑其真实性，反战人士一致认定这是一条假新闻，是英国捏造出来的，为的是把美国拉上他们的贼船。

就在美国人吵吵闹闹争论不休的时候，齐默曼这个老实孩子站出来为美国解了围，他对记者坦言承认，这是真的……现在，没什么好说的了，全美的反德情绪瞬间高涨，直至停盘。4 月 4 日，美国参议院以 82 票赞成 6 票反对批准了《战争法案》；两天后，众议院以 373 票对 50 票的结果通过了相似的表决。美国正式对德国宣战。

虽然美国已经参战，但是这并不意味着美国大兵马上就会来到欧洲，由于实行的是募兵制，有 1 亿多人口的他们现在只有 13 万正规军，只比比利时的军队多一点儿，排名连世界前 20 都进不去，而且他们没有师的建制，最大的单位是团，还得经过培训。为了尽快扩充军队，美国总统威尔逊亲自来到征兵

〈 被陈独秀称为“世界上第一个好人”的美国第 28 任总统伍德罗·威尔逊（1856—1924 年）是美国有史以来学历最高的总统，因为博学多才、善于辞令，又被人称为“百灵鸟”。

1917 年集合准备奔赴前线的第一批美国远征部队。

∧ 在废墟中进攻的美军士兵。

部蒙着眼睛从玻璃缸里抓阄，抓到哪些人哪些人就是新士兵。为了备战，美国陆军还采购了 100 万条毛毯、200 万个饲料袋、94 万副马鞍和 280 万个马笼头给马用，还订购了 2000 多万顶蚊帐，但这些东西在大战中根本用不上。虽然做了很多无用功，但在 5 个月后，美国陆军已经增加到了 400 万人，约翰·潘兴（John Pershing）被任命为远征军总司令。协约国要想取得最后的胜利，就要看他们能否在俄国退场之后与美国上场之前这段时间里顶住德国的进攻。

第十四章 胜利的悲剧

★ ★ ★

“战争是杀人凶手。”

——航空兵汉斯·施罗德

在美国宣布参战后，德国已经有了紧迫感，虽然德军第一次在西线取得了兵力优势——在俄国退场后，鲁登道夫已经把几乎所有的师都集中到了西线，与对面的英法联军形成了 3:2 的优势，但鲁登道夫估计美军会在 1918 年中旬到达，到那时德军将不会再有优势，换句话说，留给德国的时间不多了。德国要想赢，必须抓紧时间进攻，给敌人致命的最后一击。鲁登道夫在西线已经集结了 191 个师的兵力，约 350 万人，这支庞大的军队将要向敌人发起一次沉重的打击，争取赢得最后的胜利。

1918 年 3 月 21 日，德军在大雾中发起了米迦勒（Michael，圣・米迦勒是传说中手持利剑赐福德国的天使）进攻，目标是实力较弱的英军。这次大规模的进攻同样是由大炮轰击开始的，不过这次德军缩短了轰击时间，平常发起进攻的一方往往要轰击对手好几天，这等于提醒对手进攻马上就要开始了。这次进攻的新指挥官布鲁赫・米勒（Bruchuller）提出将这个时间由几天缩短至几个小时——这样同样可以达到震撼或者说震晕敌人的效果，第一波冲锋的德军士兵甚至被要求分组快速突击前进，不必僵硬地执行原定计划，要随机应变。

对于敌人即将发起的进攻，黑格判断目标应该是在佛兰德斯，他对这次防御进攻信心十足，因为英军在这里兵力十足，他甚至在日记中写道："敌人大概会发现我们的前线阵地是如此坚固，所以他们绝对不敢轻举妄动，否则肯定伤亡惨重。"其实黑格已经看到了德军的进攻计划，英军的情报部门曾提交过一份报告，报告称："有许多明显的迹象表明敌人将进攻第 3 集团军（军长：朱利安・宾，Julian Byng）和第 5 集团军（军长：休伯特・高夫，Hubert Gough）的前线，目标是切割掉康布雷的突出阵地，并把我们的后备部队引来。"但黑格并没有采取专门的应对措施，因为这只是许多报告中的一份。

5 个小时后，德军的突击进攻开始，由于大炮把英军的电话线和无线电设备摧毁殆尽，再加上大雾弥漫，英国军队已经成了聋子、瞎子和哑巴。新战术让德军在南面很快突破了敌人的防线，但鲁登道夫并不十分高兴，因为他计划的是在北面取得突破。后备队就那么多，如果按照原计划，这些兵应该派去援助右翼，但最后鲁登道夫决定派兵去增援左翼，他决定去扩大胜利，而不去增援失败。于是右翼的胡蒂尔（Hutier）部继续前进，他们突破了高夫的防御，一直跨过了索姆河，在 8 天内推进了 14 英里，不但俘虏了 7 万名英军士兵，还缴获了 200 万瓶威士忌酒。这可以算得上是 1914 年后德军在西线取得的最大进展了。但由于跑得太快，他们的补给很快将出现了问题。

前面就是亚眠（Amiens），如果德军占领了这个交通枢纽，就能切断英法军队之间的联系，而德军占领这里是很有希望的，因为这里的防守很薄弱。但鲁登道夫放弃了这个机会，他在 3 月 24 日下令德军分三路前进，他准备对英法军队同时实施打击——但他们根本做不到。

而就在这一天的上午 7 点多，巴黎突然发生了一起匪夷所思的爆炸，窗户玻璃都被震碎，死伤数十人，紧接着又是几次爆炸，又死伤了好几十人。刚开始人们还以为是德国飞机的轰炸，但很快就发现不对劲，因为天上根本没看见飞机。这起“灵异事件”在巴黎引起了恐慌，也让法国人感到很迷惑，到底是怎么回事呢？后来他们仔细研究了现场的金属碎片后才知道，那是前线德军的巨型加农炮（Cannon）轰击了巴黎——德国人把 8 英寸的海军炮插到更大口径的炮管里，这种射程能达到 75 英里的巨型大炮的名字叫“德皇威廉”，因为轰过巴黎，后来也被称为“巴黎大炮”。该炮炮弹从发射到落到巴黎需要 176 秒，也就是 2 分零 56 秒的时间。威廉二世对此兴奋异常，因为这下总算击中了法国的心脏，解了一口恶气，他乘坐列车到处宣扬德国即将取得胜利，并下令学校停课庆祝。他在晚餐时甚至宣称：“如果英国代表前来请求和平，他们必须按照德国的习惯向皇帝下跪。”因为这是君权对民主的胜利！后来的情况表明，他自我感觉太良好了。

为了对付德军的远程大炮，法国人动用前线炮队向可能隐藏“巴黎大炮”的地方进行了轰炸，但根本没用，因为对方隐藏得实在是太好了，而且德国人还经常放空炮来迷惑他们。后来法军只好成立紧急处置小组，每当哪里遭到“巴黎大炮”的轰炸，他们就立即奔赴爆炸地点，快速地运走炮弹碎片，重铺被炸坏的路面，打扫街道，把损毁的房子修复成原来的样子……总之就是抹去德国轰炸过的一切痕迹，好像什么也没有发生过。

一直到了 3 月 25 日，鲁登道夫才意识到亚眠的重要性，因为协约国的援兵正通过这里滚滚而来，他命令胡蒂尔马上占领该城。而英法领导人也意识到

〈 巴黎炮炮台。1918 年美军拍摄。

〈 重 375 吨的“巴黎大炮”竖起来有 36 米高，相当于 10 层楼，在整个一战中它共向巴黎发射了 300 多枚炮弹，但只有 180 多枚落在了市区，而且从未打中过军事设施。

了这一点，4 月 14 日，福煦被任命为新指挥官，全权协调指挥在法国的所有军队——因为黑格与贝当的意见老是相左：前者主张保护北方的港口，以便英军必要时能顺利地逃回英国；后者的眼睛则一直盯着巴黎，力主保卫首都，因为那里是法国的心脏。于是亚眠的防御开始不断加强。都屯有重兵的双方很难打败对手，于是双方开始挖掘战壕，开始了老一套的阵地战。

在北面，胡蒂尔的德军继续前进，英军撤退得有多快，德军前进得就有多快，英军停下来休息，德军也停下来休息——因为要保持安全的距离。但德军的军纪已经变得越来越坏，因为他们的补给根本跟不上，许多士兵开始抢掠酗酒。虽然德军已经占领了 1200 平方英里的土地，但这些被占领的地方都是计划外的，而且没有一处是具有战略价值的，他们的战线反而因此被拉长了 50 英里。形势开始变得对德军不利。

4 月 5 日，米夏埃尔进攻计划宣告结束，高夫被解职送回英国。本来黑格也应该被解职的，但他并没有被解职，因为劳合·乔治还没有找到替代他的人，还有一个原因是他和英王乔治五世的关系特别好。

4 月 9 日，德军开始了乔其纱（Georgette）攻势，德军的突击队很快突破了由葡萄牙军队防守的一段防线——这里的 2 个葡萄牙师是葡萄牙政府派来友情参战的，为的是表示对英国的支持。本来他们第二天就要换防回家了，所以当德军猛烈的炮火落在他们头上时，他们马上四散而逃——提前回家了，有的葡萄牙士兵连鞋都脱了，就是为了跑得快点儿，一些士兵甚至偷了临近战友的自行车用来逃跑。到第二天夜里的时候，德军已在英军的防线上撕开了 30 英里的一个大口子。调来援兵的黑格发布命令：“每个岗位必须战斗到最后一个人，不许撤退！我们已经陷入绝境，只要我们还坚信正义，每个人就必须战斗到最后！”但士兵们可不这样想，他们嘲笑黑格站着说话不腰疼，并声称坚守岗位的要求应该受到谴责。实际上黑格也是说说而已，他在发布命令的当天就和总参谋长威尔逊（Henry Wilson，时任英国皇家总参谋长，不是美国总统威尔逊）将军讨论了如何利用英吉利海峡的港口逃离法国。

4 月 12 日，鲁登道夫的德军继续前进。普卢默为了防止战线被攻破，主动后撤，放弃了黑格在 1917 年挖了一年的地道并用 25 万人的死伤换来的阵地，梅西纳尔岭和伊普尔的突出部都丢了。但阵地的放弃反而使劳合·乔治十分高兴，因为他本来就不赞成黑格的那次帕斯尚尔战役，他评论说："帕斯尚尔的进攻是一场噩梦，放弃噩梦的结果是一种安慰，也是一种鼓舞。"因为普卢默的不断撤退缩短了战线，兵力更加集中，防御力得以增强。

此时的鲁登道夫迫切地想取得一次大胜，因为此时德军离亚眠不远，离阿兹布鲁克（Hazebrouck）不远，离开摩尔山（Kemmel）不远，离凯特山（Cats）也不远，这些都是战略要地，于是他下令向所有目标进攻。但此时德军兵力已经明显不足，在西线，每 10 个士兵中就有 1 个伤亡。

5 月 4 日，福煦发布命令，要求法军指挥官在面对敌人进攻时不许后退，即使临时性的后退也不许。这跟贝当背道而驰，因为贝当一直要求部队保持灵活性的防御。

5 月 26 日，防守舍曼代达姆一线的法军指挥官丹尼斯·杜谢恩（Denis Duchesne）将军收到一份情报，报告中说有迹象表明德军即将在这里发起一次进攻。德军已经秘密地集结了 20 个师，每个师都准备了 30 万发炮弹，虽然行动是严格保密的，但英军还是听到了风声。但杜谢恩却不以为意，他说："没有迹象表明敌人已经准备好明天发起进攻。"说完他就离开阵地回巴黎了——那里他的情人正等着他。而且他已经在埃纳河北岸摆下了背水一战的架势，并下令不许后退。

就在杜谢恩离开他的阵地几个小时后，5 月 27 日凌晨 1 点，德军的进攻开始了，4000 门火炮和 4000 门迫击炮发出的炮弹落在了英法军队的阵地上，士兵不是被炸死就是被震得晕头转向。凌晨 4 点，德军在弹幕的掩护下开始进攻，他们从英法两军之间的缝隙穿过防线，到中午时分，他们已经前进了 5 千米，跨过了埃纳河。英法军队的防线已经是混乱不堪，一名叫阿道夫·希特勒的下士拿着一支步枪，单枪匹马地冲上前去，俘虏了12个法国兵，他因此获得了一枚一级铁十字勋章。

接下来的几个小时里，德军继续追击，但他们由于缺少骑兵和车辆，根本追不上逃跑的英军，直到士兵体力耗尽，才不得不停了下来。福煦和贝当这时终于有了共识——必须守住兰斯，只有这样才能防止德军的突破口继续扩大。而鲁登道夫已经失去判断力，他像一个赌徒一样，为了挽回损失，准备投入更多的赌注。右翼的德军继续向前挺进，他们就像钻进了一个口小肚子大的麻袋一样，如果守住兰斯的法国人夺回苏瓦松（Soissons），就等于勒住了麻袋口，孤军深入的德军就会被包围。而在协约国一方，恐慌已经开始蔓延，法军已开始制定继续向西撤退的计划，福煦甚至向克里孟梭提议把政府再次迁出巴黎——因为数以万计的市民已经开始自发地逃离，黑格也开始考虑把军队撤回英国，只有被认为"过度谨慎"或者说是"过度胆小"的贝当认为德军已经是强弩之末，只要坚守阵地就能获得最后的胜利。

就在协约国被打得精疲力尽招架不住的时候，德国给他们打了一针强心剂——5月27日，德国与战败的罗马尼亚签订了《布加勒斯特条约》，这个条约强迫罗马尼亚沦为德国的附庸，大部分罗马尼亚油田被迫租借给德国99年。这更坚定了协约国打倒德国，咬着牙坚持到底的决心。

后来的事实证明，鲁登道夫的猛攻只是德军的"回光返照"，就在英法快要顶不住的时候，山姆大叔来了！

既天真又勇敢的美国大兵终于来了，他们高喊着"拉法耶特（La Fayette）[1]，我们来了"，兴奋地登上了法国的陆地，这种勇敢英法德奥等

①拉法耶特是美国独立战争时给予美国极大帮助的法国贵族。

国的士兵已经没有了。相比衣衫褴褛面黄肌瘦目光呆滞的协约国士兵，这些美国的大兵个个情绪高涨、兴高采烈、喜气洋洋、红光满面，好像不是去前线拼命而是去前线吃席。美军的 2 个超大编制的步兵师——一个师等于英法师的 2 倍——及时赶到了，他们在马恩河畔的蒂耶里堡（Chateau-Thierry）阻挡住了德军。而且美国人还正以每天一万人的速度抵达法国。

6 月底，美军的海军陆战队将德军赶出了贝洛森林（Belleau Wood），密集的火力把这里茂密的森林打成了秃山，德军敬畏地称美军为“凶残的狗”。这个地方后来被命名为“海军陆战旅森林”，法国还特意把它赠送给了美国政府。

7 月 15 日，德军向马恩河再次发起进攻。但美军顶住了德军的猛攻，防守的美军第 38 师被称为“马恩河磐石”。7 月 18 日，德军开始撤退，他们不但退过了马恩河，而且退到了埃纳河一线。8 月 6 日，第二次马恩河战役，也是德军的最后一次打击在协约国的反击浪潮中结束了。对于美军的新式战术和取得的重大胜利，法国人不无嫉妒又颇为幽默地评论说：“不是我们太无能，而是因为‘美国大兵的腿长脚板大’。”

源源不断到达的美军已经改变了力量的对比，8 月 8 日凌晨 4 点 20 分，轮到协约国进攻了，英军向亚眠突出部展开了进攻。德军的心理防线在 511 辆坦克的隆隆声中瓦解了，不到 2 个小时，英军就抓了 15000 名俘虏，并缴获了 400 多门大炮。鲁登道夫痛心疾首地把这一天称为“德军的黑日”。

8 月 9 日，法军也来助战，到 13 日的时候，英法联军已经推进了 6~10 英里，彻底削平了亚眠的突出部。鲁登道夫称 8 月 8 日这一天为“德军的黑日”，除了损失惨重外，一向英勇善战、有着铁一般纪律的德军已经是士气涣散，大批士兵在开战以来第一次集体开小差，开赴前线的预备队甚至被向后方狼狈溃退的队伍嘲笑为“拖延战争的捣蛋鬼”，大批德国兵开始无组织无纪律地到处抢掠，不管有用没用只要能拿走的东西都被抢走，连小孩儿的玩具也不放过。另一个严峻的问题是，德国的兵员已经接近枯竭——在东线割占的俄国大片领

∨ 1918 年贝洛森林里的美国海军陆战队。

∧ 1918 年，在香槟—马恩（Champagne-Marne）地区进攻的美军。

> 美国远征军司令约翰·潘兴（1860—1948 年）是美国历史上仅有的两个特级陆军上将之一，绰号“铁锤无敌”，又名“黑桃杰克”，后来在二战中叱咤风云的麦克阿瑟和巴顿在一战时只是他手下的两员小将。

∧ 此图描绘的是 1918 年 8 月 8 日亚眠的德军战俘。

∧ 油画中的亚眠。

土反而成了德国人的累赘，他们不得不派更多的兵力去占领这个地区，尤其是克里米亚半岛，因为协约国有可能从中东入侵那里。为了从俄国获得粮食支持战争，他们不得不深入到乌克兰的腹地去寻找，而有了粮食还得用火车把它们运出去，于是他们只好到处去找车皮，而发动火车又需要煤，他们又不得不去顿涅茨（Donetz）盆地找煤，火车有了煤还得有铁路才能走，但俄国的铁路十有八九是瘫痪的，于是他们又不得不去义务修理铁路……本来威廉二世是反对吞并全部波兰的计划的，但这遭到了鲁登道夫坚决的抵制，而兴登堡则力挺鲁登道夫，并再次以辞职相威胁。为了替后者呐喊助威，兴登堡还特意写了一份像最后通牒一样的请愿书给德皇，口气就像校长训斥不守规矩的小学生一样，在他认为重要的词句下面他还特意划上了重点线来提醒读者注意。在两位功高震主的老将的压迫下，德皇不得不屈服了。

随着德军前线的崩盘，能够活着向协约国投降对德国士兵来说成了一件值得庆幸的事。1918 年 8 月一个月里，德国军队里有 10 多万人“失踪”，实际上就是逃跑，说失踪只是为了面子上好看点。在关押德国俘虏的围栏里，老俘虏会用欢呼声来迎接新俘虏的到来，因为成为俘虏就意味着——好歹安全了。

威廉二世已经意识到战争进行不下去了，8 月 14 日，他亲自主持了德军最高统帅部会议，商量怎样寻求和平，用他的话来说就是“现在到了结账的时候了”。

但协约国已经不给德军任何喘息的机会了，8 月 19 日，协约国军队继续进攻并对德军进行两翼合围，于是第二天又成了一个“德军的黑日”，协约国军队渡过了索姆河，鲁登道夫之前发起的 5 次进攻的成果全部丧失。

现在轮到协约国主动进攻了。9 月 12 日，第一次担当主力的美军对德军发起了最后的攻势，只用了 30 个小时就拔除了德军在圣米耶尔的突出部，并抓俘 16000 人。这天正好是潘兴 58 岁的生日，潘兴说这也是他过得最快乐的一个生日。协约国在西线的师达到了 217 个，包括 102 个法国师、60 个英国师、39 个美国师、12 个比利时师、2 个意大利师和 2 个葡萄牙师，而德国只有 193 个师——有的师只有 7000 人，只相当于一个满员美国师的 1/4，还多是老弱病残。

9 月 25 日早晨 5 点半，美军在马斯—阿尔贡地区展开了对德军的最后一击，大炮吐出的火焰映红了整个天空，这次战役消耗的弹药比整个美国内战期间消耗的弹药总量还要多。虽然美军人数是德军的 8 倍，但他们遭到了敌人的顽强抵抗，孤军深入的美军一个营中了德军的埋伏，被围在幽暗的山谷森林里。到 10 月 4 日的时候，该营只剩下了不足 500 人，困在包围圈里的美军已经是又饿又累，食物缺乏，他们只能靠吃植物和信鸽剩下的鸟食来维持。德军又用引蛇出洞之计——扔出一些食品盒引诱美军出来捡，然后开枪将其射杀。无计可施的营长维特利希（Wittlich）放出了最后一只信鸽（很庆幸它还没被吃掉）向大部队求援，并告诉友军“不要再轰炸了”，因为搞不清他们位置的己方炮弹都落在了他们头上，不但炸死了他们 30 多个人，还把他们藏身的灌木丛给炸没了。但这只信鸽一开始很不敬业，它从鸽笼里出来后就飞到了树枝上淡定地梳理自己的羽毛，为了赶它走，士兵们只好用石头去扔它，但这位信使却依旧不动如山，最后还是维特利希少校亲自爬上树用力摇晃树枝才把它赶走。

放出的这只信鸽的名字叫“亲爱的朋友”，它也是美军最后的一丝希望了。但很不幸的是，这个信使在飞翔的过程中脑袋中了一枪，子弹把它的左眼眼珠子都打了出来，一块弹片则击中了它的胸部，打断了它的胸骨，另一块弹片削掉了它的左小腿……然而，请允许我说然而，这只几乎流光了血的信鸽以惊人的毅力和崇高的敬业精神奇迹般地飞到了后方，把信送到了美国炮兵手里，信上写着：“看在上帝的分上，停止射击！”另一个奇迹是这只伤痕累累的鸽子竟然被抢救了过来，并且受到了英雄的待遇，它于 1919 年安详地死去，被做成标本在史密森尼恩学会展览。

10 月 7 日晚上 7 点，就在被围的美军前无出路、后无救兵、饥肠辘辘等死的时候，冲破德军火力封锁的美军大部队杀出了一条血路，把他们解救了出来。此时这支“迷失之营”只剩下 194 人了。

同一天，一名名叫阿尔文·约克（Alvin York）的陆军中士率领一个 16 人的小分队在森林的另一边俘虏了 132 名德军，百发百中的他还用 17 发子弹击毙了 17 名敌人，总共用了不到 15 分钟——他小时候最喜欢的游戏就是打火鸡。他也由此成了传奇人物——后来还专门拍了一部关于他英雄事迹的电影《陆军中士约克》。

在战役中，美国人使用了 12 毫米口径的猎枪来打德国人，这种厉害的武器本来是狩猎用的，比德军的步枪口径要大一倍。气愤的德国人声称这违反了《日内瓦公约》，但抗议没人理，因为打赢才是硬道理。10 月 10 日，美军把最后一名德国兵赶出了阿尔贡地区。

在协约国的几记重击下，德国别说还手之力了，连招架之力都没有了。正所谓祸不单行，这时又传来了一个接一个的坏消息，德国本来就不多的盟友一个接一个地都崩溃了。

1918年9月15日，在巴尔干萨洛尼卡战线准备了8个多月的协约国联军——包括英、法、希腊和塞尔维亚——组织了55万大军向德国的盟友保加利亚发起了最后的进攻，他们窝在这里已经3年了。法国将军德斯佩雷(Desperey)带着士兵费了九牛二虎之力把口径105毫米的大炮拉到了7000英尺高的山顶上，在这里居高临下地对敌军猛轰。士气低落的保加利亚军队很快就投降了，因为德军大部已经调到了西线，协约国联军轻易地突破了保加利亚的防线，两天之内，协约国军队就打开了一个25英里的突破口。9月的最后一天，保加利亚和协约国签订了停战协定，成为第一个退出战争的同盟国成员。

下一个熬不住退场的是土耳其。在沙漠的对峙中，艾伦比使出了“树上开花”之计，让骡子拉着滑橇来回奔跑，弄得地面上烟尘滚滚，让土耳其人虚实难辨；当驻扎在约旦河谷的骑兵部队暗中撤退后，原地还留下了1.5万具帆布做的假马和营地，为的就是吸引敌人的注意力；各营的英军一大早就向河谷行军，到晚上再乘车回到营地，周而复始，以为疑兵，这样一来，土耳其人根本搞不清英军到底有多少人。除了用疑兵之计震慑住敌人外，英军的飞机还向土军的阵地空投了许多传单，进行了“纸片轰炸”，传单上都是当了俘虏的土耳其兵怎样在英军的后方吃香的、喝辣的，温饱不愁，逍遥快活，这些“糖衣炮弹”也催化了土耳其人投降，因为他们已经是衣衫褴褛饿得半死了。

1918年9月19日，掌握了制空权的艾伦比以2:1的优势兵力只用3个小时就突破了土耳其人的防线。在约旦河的东岸，劳伦斯的阿拉伯军团抢在艾伦比前一天赶到了大马士革的城下。9月30日，这座“圣经之城”连同土军残部一起向劳伦斯投降了，整个土耳其的陆军已经崩溃，逃跑的人数已经超过了战斗的人数。10月10日，英军攻占贝鲁特，28日又夺取了阿勒颇，一路上光俘虏就抓了7300人，而英军的全部损失只有5600多。10月30日傍晚，已失去抵抗能力的土耳其和英国签订了停战协定，地点是英军战舰“亚加米农”号上——这个地方很有意义也很应景，因为亚加米农是希腊神话中特洛伊

∧ 躲在假马背后的狙击手。

< 1918 年 9 月，停战间隙正在休息的澳大利亚第5师的士兵和德国战俘。远处是第 8 坦克营的 Mark V 坦克

（Troy）之战中的英雄。11 月 12 日，英国舰队特意昂首挺胸地驶过达达尼尔海峡，进入黑海逛了一圈，为加里波利惨败雪耻。

而德国最亲密的盟友奥匈帝国也倒下了，康拉德对意大利的最后进攻也宣告失败，意大利向奥匈军队发起了反攻。为了雪耻，意大利参谋长特意把进攻的日子选在 10 月 24 日——这天是他们在卡波雷托失败一周年的纪念日。奥匈帝国不但军队瓦解了，连整个国家都瓦解了，在布达佩斯和布拉格等地纷纷成立了许多个革命政府，拒绝继续作战。3 年来饱受失败折磨的意大利终于时来运转了，他们在 10 月 30 日攻占了维多里奥・威尼托镇。11 月 3 日，精疲力尽的奥匈帝国和意大利签订了停战协定，意大利代表巴多格里奥（Badoglio）为了表示"大方"，特意表示可以在协定签订后 22 小时再停火——然后他立即发布命令追击拦截正在撤退的奥地利军队，为的就是在停战前多占领一些领土多抓些俘虏，共抓俘 40 多万人（抓到的人都被当成俘虏）。分崩离析实际上已不复存在的奥匈帝国宣告投降。

而在德国，由于得了流行性感冒，首相马克斯吃药过量一下子睡了 36 个小时，等他醒来回到办公室的时候，德国已成了孤家寡人——土耳其和奥匈帝国都已经投降了。

导致马克斯病倒的流行性感冒并不是只击倒了他一个人，而是蔓延到了几乎整个世界。早在 1918 年 3 月 11 日的早晨，美国堪萨斯州福斯顿军营的一位炊事兵就出现了发烧、头痛、嗓子和肌肉酸痛的症状，医生怀疑他得了流感，马上对他进行了隔离。但还是太晚了，到了吃午饭的时候，医院已收治了 107 名类似症状的患者。同样的情况出现在全美各个军营，3 周之内有 1100 名士兵因"感冒"病重需住院治疗，最终 38 人死亡。

一场大规模的瘟疫开始了。

很快，美军中出现流感疫情的消息传到法国，然而，当时德军已兵临城下，法国到了生死关头，急需美国的生力军施以援手，流感的消息并未引起有关当局的重视。从3月开始,20多万美军先后开赴欧洲前线。在横渡大西洋的过程中,许多美军士兵就染病身亡，但由于当时严格的新闻封锁，外界对此并不知情。当美军横渡大西洋后，病毒也随着他们登陆欧洲，灾难开始了。

最先受害的国家是中立国西班牙。流感几乎在一瞬间传染到了全国的各个角落，包括国王在内，有 800 万人患病。疫情再也掩盖不住，由于西班牙在一战中是中立国,新闻不受事先审查,所以报纸上充斥着关于流感疫情的报道,这种流感因此也被称为“西班牙流感”——也是禽流感的一种——有人还给它取了个浪漫的名字——“西班牙女郎”。

在肆虐西班牙之后，这种流感迅速在欧洲大陆传播开来。一个月内，英军就有 3.1 万人染病。到 5 月，由于有 10% 的部队感染了流感，强大的英国海军在整个 5 月有 3/4 的时间都无法作战，连英国国王乔治五世也患上流感而不能动弹。而法国的情况也不妙，巴黎每周都有 1000 多人死亡。6 月上旬，在德军发动猛攻的时候，近 2000 名法军士兵因感染流感不得不撤出战场，一时间法军被搞得手忙脚乱，大量的病患使很多计划发动的战役无法进行，协约国的军事行动受到了重大影响。许多士兵已经把枪支当成了“拐杖”，流感的折磨使大家都支撑不住了。美军将领麦克阿瑟也被流感折磨得奄奄一息，不得不躺在担架上让 4 名传令兵抬着他指挥战斗。到 1918 年 9 月的时候，流感病毒变异后更为猖獗，比第一期流感更加凶猛和恐怖，感染患病后只需 3 天便可死亡。人们一开始头痛、眼睛痛，然后体温不断上升，逐渐陷入半无意识状态。随着死神脚步的逼近，患者的脸色转为暗紫色，他们无法呼吸，只能猛烈地喘息和咯血，最终死于窒息，死状甚惨。

回国的美国士兵把在世界上转了一圈的病毒又带了回来。在美国费城，10 月份死了 13000 人。白天满街出殡，夜晚救护车疾驰，无人认领的尸体散曝数日。许多地方，掘墓工人都来不及挖坑。不管是南非开普敦还是美国纽约，棺材早已缺货，死者只有裹着毯子入土。据幸存者回忆：口罩是必备之物，没戴口罩就别想上公交车，据说在美国旧金山，一名卫生官员开枪打死了一名不愿意戴口罩的男子。人们生活在恐惧之中，见面也不打招呼，甚至连看都不敢看对方一眼，因为他们害怕眼神也会传播流感。

专家估计大约有 2000 万 ~4000 万人在流感灾难中丧生，这比第一次世界大战战亡总人数还要多。因为流感传染的速度非常快，以至于当时人们根本无法确定发源地究竟在哪儿，罪魁祸首是谁。在西欧，人们把西班牙人当成替罪羊；俄国人则把责任归咎于中亚细亚土耳其的游牧民族身上；协约国则认为这是德国使用的生化武器，一个美国军官甚至断定是德国的潜艇把流感作为秘密武器带到了北美大陆……

而德国也未能在这次流感中幸免于难。德军因流感而造成的非战斗减员已经占到整个战斗部队的 3 成以上。许多德国士兵为了躲避瘟疫，纷纷开小差。3—8 月，德军在流感和对手的双重打击下，损兵 80 万，士气更加低落。

在流感的肆虐和协约国的猛烈群殴下，德国已经挺不住了。就连一向强硬主战的鲁登道夫也崩溃了，在他的参谋总部——一家叫“不列颠”的旅馆里（名字就很不吉利）——无计可施的他痛骂那些阻挠他辛勤工作的人：骂那些嫉妒他的参谋，骂充满失败主义论调的议会，骂过度人道主义、妇人之仁的德皇，还骂沉浸在潜艇战美梦里的海军……总之除了他自己谁都骂，骂着骂着他就激动得口吐白沫、抽搐晕倒在地了。10 月 5 日，英军首先突破了兴登堡防线。而就在前一天的 10 月 4 日，巴登亲王马克斯受命组成看起来相对民主的“国会制”新政府。12 日，马克斯表示愿意在美国总统威尔逊的“十四点”的基础上谈判停战。但德国海军太不配合了，就在这一天，客轮“伦斯特”号在北海中了德军潜艇的鱼雷，包括美国人在内的 400 多人丧生，这一下子抵消了马克斯的和谈诚意，让美国人有了拒绝德国的借口。美国总统威尔逊愤怒地声称，“在德国继续奉行不合法和不人道的做法”时，他拒绝考虑任何谈判。

当鲁登道夫提出“必须立即要求停战”的时候，他的搭档兴登堡像往常一

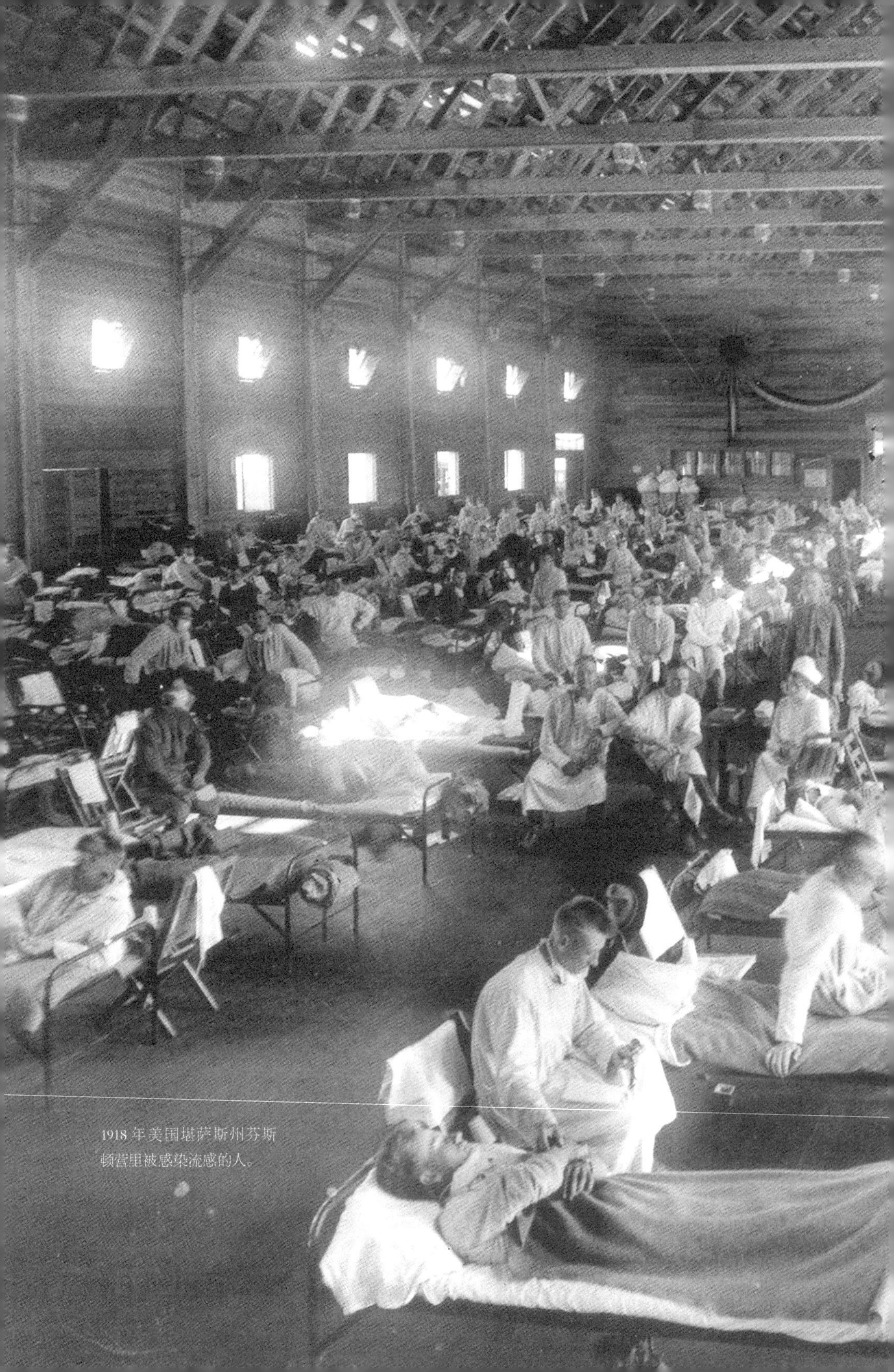

1918 年美国堪萨斯州芬斯顿营里被感染流感的人。

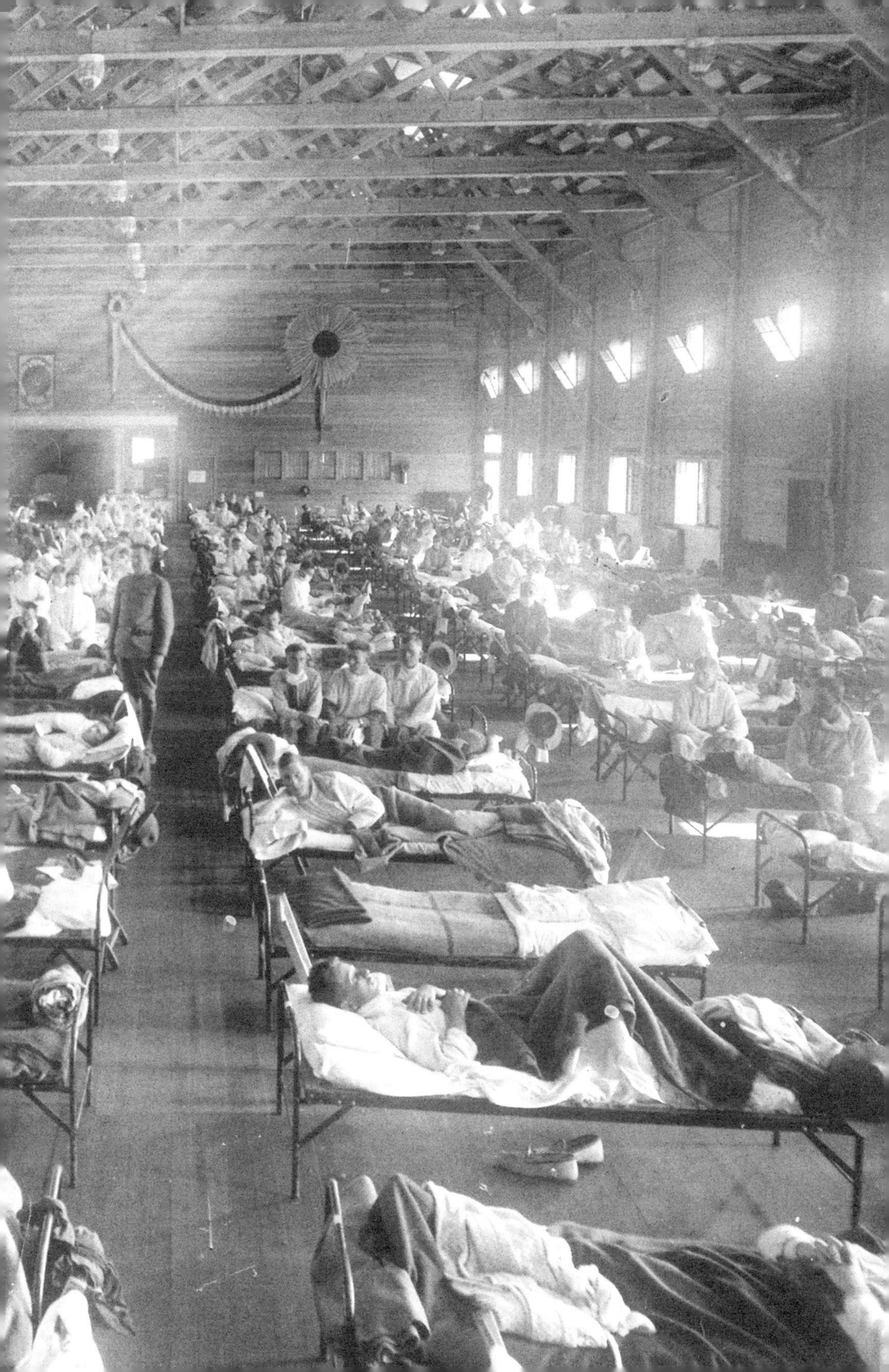

样点头表示同意。但马克斯亲王和鲁登道夫就是否继续作战产生了分歧，后者要坚守阵地继续硬挺，争取有利条件；前者要求接受威尔逊提出的和平条件。他们两个的共同点是都拿辞职来威胁威廉二世——不接受自己的意见就辞职。

在海上，德国企图扼杀对手的战术也渐渐失利。为了对付德国的潜艇战，英国采取了护航制度，通俗地说就是让军舰给商船当保镖。这一招立竿见影，英国船只损失一下由 25% 下降到了不到 1%。从 1917 年的秋天开始，英美两国新建的船舶已经超过损失的船舶数，而他们击沉的德国潜艇数也超过了德国新建的数量——在大战期间德国一共损失了 199 艘潜艇，其中 175 艘死在英国海军手里——猎手现在已经变成了猎物。德国在陆上的战争失败之前，海上的战争就已经完全失败了。

10 月 22 日，德国公海舰队指挥官制定了最后的作战计划——舰队将开出基尔（Kiel）港去向敌人发起自杀式袭击。听到这个消息的船员立马不干了，他们马上造起反来——勇敢地浇灭了船上的锅炉，还高唱着法国的《马赛曲》，最后连基尔的卫戍部队也加了进来。

10 月 27 日，认为战争已经玩不下去了的鲁登道夫干脆辞了职（这次威廉二世批准了），化装逃到了瑞典，直到第二年大战结束后才溜回来。兴登堡则劝告威廉二世退位——他在给妻子写的信中写道："如果德国在战争中失败了，那不是我的过错，而是因为德国缺乏精神力量。"兴登堡在德国成立共和国后还当了两届总统，在他死后，他的一个外甥曼施泰因（Manstein）——兴登堡是曼施坦因的三姨夫——制定的西线计划，在二战中瞬间秒杀了他们打了 4 年也没有打服的法兰西。

关于停战问题，美国总统威尔逊通知德国政府："我们拒绝和德皇打交道，德皇必须退位！"自尊心很强的威廉二世坚决不干，他跑到德军在比利时的总部宣布要亲自率军剿灭"乱党"。直到宰相马克斯宣布废除他的皇位，并向全世界宣告，他才明白自己确实已经众叛亲离成为真正的孤家寡人了，于是他立

英军J.C. 坎贝尔（J.C.Campbell）准将的第46师第137旅在刚攻下的桥梁前合影。

马钻进了开往荷兰的车厢，逃到了荷兰。后来克里孟梭和劳合·乔治都要求把德皇送上战争法庭，但荷兰女王威廉明娜（Wilhelmina）拒绝把德皇交出来，因为威廉二世也是她的亲戚——她老公是德国人。在接下来的日子里，退位的威廉二世只能以写写文章砍砍树来度过余生，据说 1926 年 12 月的一个星期他就砍翻了 2590 棵树——那片被他蹂躏的树林直到 20 世纪末才慢慢恢复过来。此后他经常说的一句话就是“要是……多好啊”，以表达他的不满。不过他看到了后来希特勒的崛起，在 1941 年纳粹德国如日中天的时候心满意足地死去，因为德国在二战中征服了法国——这是他当年未完成的心愿。但他没有看到后来德国败得更惨的结局，否则他一定会更闹心。

11 月 6 日，德国代表团前往法国进行停战谈判，他们的汽车打着白旗来到了法国东北部的贡比涅（Compiegne）森林，在那里见到了协约国的总司令福煦。趾高气扬的福煦故意问他们：“你们来干什么呀，先生们？”德国代表答道：“我们想听听你们的停战建议。”正牛气的福煦则故意给了他们一闷棍，他故弄玄虚地说：“噢，我们没提过任何停战建议，我们很愿意继续打下去！”德国代表表示：你们打不打得下去是你们的事儿，我们是打不下去了……条件你们提吧。

1918 年 11 月 11 日早晨 5 点，双方在福煦将军的专用火车车厢里签订了停战协议——这一节车厢后来被法国人当作纪念品保留了下来。贡比涅森林里鸣放礼炮 101 响以示庆祝，但为了凑个整数，协约国又规定停火协议在 11 月 11 日的上午 11 点生效。在剩下的这 6 个小时里，前线还在疯狂地继续轰炸，双方的炮兵不瞄准就乱开炮，大家好像商量好了似的——要打完最后一颗炮弹然后轻轻松松没有负担地回家。因为这个很扯淡的规定，不少士兵在停火前 5 分钟中弹而亡。

当法国的曼京（Mangin）将军听到停战条件时，他惊叫道：“不！不！不！我们必须攻入德国的心脏，停战协议应该在那里签署！德国人不会承认他们失败了！不能那样结束战争……这是一个致命错误，法国将为此付出代价！”22年后，希特勒操纵战败的德国向法国复仇，在击败法国后，他特意把车厢从法国博物馆里拉回贡比涅森里，在当年的同一地点接受法国的投降。

这次大战终于结束了，但战争远没有结束，它改变了欧洲的版图，也为下一次世界大战提供了养料和种子。

这个种子就是 1919 年 6 月 28 日——这天正好是斐迪南大公 5 年前遇刺的

^ 德国代表同协约国代表在贡比涅森林的一节火车车厢里签订停战协定后合影，这一节车厢后来被法国人当作纪念品保留了下来。

日子——签订的《凡尔赛和约》，签约的地点在巴黎凡尔赛宫的镜厅。本来英美两国领导人不愿意在战胜国的首都开和会，因为伤亡惨重的法国人对德国恨之入骨，这样的气氛下很难做到“公平正义”，所以最好选个中立国，比如说瑞士的日内瓦。但克里孟梭坚持要在巴黎开，还特意选在凡尔赛宫的镜厅，因为这里正是 1871 年德意志帝国宣告成立的地方，法国人正好在这里一雪前耻，羞辱一下德国人。劳合·乔治因此还抱怨说：“我从来不想在他（克里孟梭）的首都举行和会……但这个老家伙哭哭啼啼地反复抗议，使我们不得不让步。”

在开幕式上，法国总统普恩加莱特意发表讲话称德意志帝国是“生于不义，必当死于耻辱”。战败的德国则被剥夺了参加会议的权力，只是等待战胜国的宣判。为了瓜分胜利果实，重新分配利益，英法美三国首脑在会上吵得不可开交：法国想把德国大卸八块，让其永世不得超生，另外还要巨额赔款——最好把德国像水果一样榨干；英国人对赔款很感兴趣，但坚决反对过分削弱德国，因为他们不想前门驱狼后门进虎，让独大的法国在欧洲大陆上称王称霸；经济实力已经世界第一的美国人则关心自己在世界各地的商业利益，要求“门户开放”、公海自由，有福一块儿享，有钱一起赚。于是在凡尔赛宫的镜厅里狐狸嚷、老虎啸、百灵鸟叽叽叫——劳合·乔治原来是律师，克里孟梭当过记者，威尔逊教授出身，三人都不是省油的灯。克里孟梭认为劳合·乔治和威尔逊对欧洲的无知达到了惊人的地步，而且劳合·乔治很没教养；劳合·乔治则认为克里孟梭是个脾气暴躁的野蛮老头；威尔逊则称劳合·乔治既狡猾又没原则，自己从没遇到过这样不讲理的人——因为劳合·乔治希望美国不要老提还贷款的事儿。会议上常常是你争我吵一片混乱，每当对方不同意自己的意见时，他们就以退场要挟。会议记录乱成一团——连正式记录和非正式记录都分不清，忙于争论的克里孟梭干脆不屑地骂娘：“管他的什么记录！”

经过 100 天的争吵和讨价还价，审判结果出来了，和约苛刻地规定，德国在海外的殖民地以“委任统治”的名义被英国、法国和日本等国瓜分殆尽，还失去了 1/8 的领土和 1/10 的人口，东普鲁士和其本土被一条波兰走廊分隔开。为了防止德国东山再起，条约还苛刻地规定其陆军必须限制在 10 万以内，海军被限制在最小规模——多余的军舰都被炸沉，空军则被完全剥夺。另外德国还被迫支付巨额赔款给战胜国，要足足 1320 亿金马克，一直要赔 60 年。这些屈辱的条件使得德国人十分愤怒，德国总理甚至诅咒："谁签这个条约，谁的手就会烂掉！"签约的第二天，德国右翼的报纸上都在第一版不约而同地加上了刺眼的黑框以示哀悼，签订这个条约的德国代表埃茨贝格（Erzberger）后来被两名德国军官当作"卖国贼"开枪打死。这促使德国人在 20 年后追随希特勒又发动了另一次大战来复仇。

很讽刺的是，第一次世界大战时，很多将军都倾心于打一场 19 世纪式的、速战速决的进攻战，结果却被堑壕战搞得焦头烂额。而到了第二次世界大战前，吸取教训的一些将军把一战时的堑壕战当成了永恒的模式，准备打一场阵地战的时候，结果却被速战速决的"闪电战"打得一败涂地。

在经历了 1564 天的厮杀之后，残酷的战争并没有解决问题，和会也没有带来和平。作为战败者，德国霍亨索伦王朝、奥地利哈布斯堡王朝、俄国罗曼诺夫王朝和奥斯曼土耳其帝国都崩溃了，而名为胜利者的英国、法国、意大利也是元气大伤，陷入混乱，从此衰落，他们欠美国人的钱达到了几百亿美元！在英法两国，几乎每个家庭都在战争中失去了亲人。虽然政治家们把这次大战宣传为《圣经》中世界末日的善恶之战，美其名曰"结束所有战争的战争"，但这次欧洲大战没有最终的完胜者，这场试图"结束所有战争的战争"也并没有结束战争，在死亡了上千万人之后，后面还有苏波战争、希土战争、协约国干涉苏联的战争……而 20 年后人们还将迎来更大规模的续集——第二次世界大战，还有此后连绵不断的朝鲜战争、越南战争、3 次印巴战争、5 次中东战争、两伊战争、马岛战争、海湾战争、科索沃战争、阿富汗战争、伊拉克战争……而这些战争带来的是无穷无尽的痛苦、死亡和破坏。

冰岛
挪威海
大西洋
挪威
瑞典
芬兰
波罗的海
爱沙尼亚
拉脱维亚
立陶宛
东普鲁士
北海
丹麦
爱尔兰
英国
荷兰
比利时
德国
波兰
捷克斯洛伐克
法国
瑞士
奥地利
匈牙利
罗马尼亚
意大利
南斯拉夫
保加利亚
阿尔巴尼亚
希腊
葡萄牙
西班牙
地中海
马耳他（英）
摩洛哥（法）
阿尔及利亚（法）
突尼斯
利比亚（意）

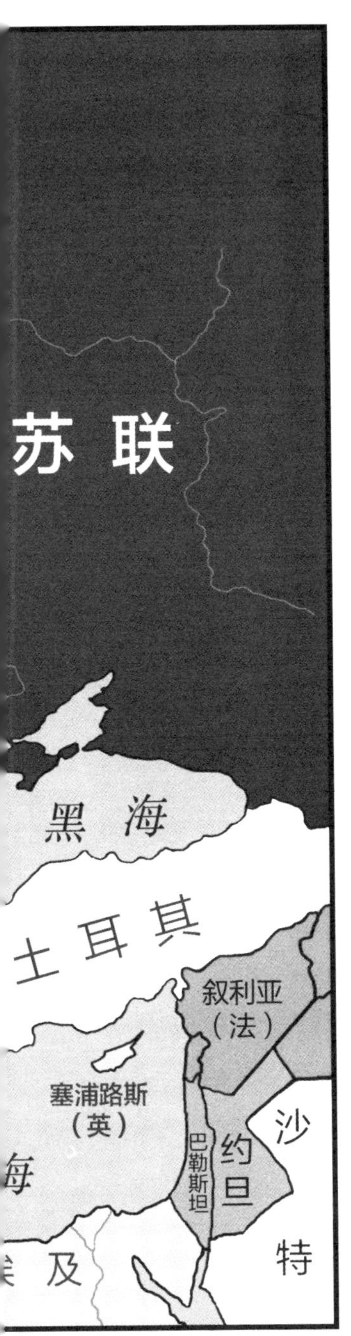

∧ 战争胜利后，美国人在德国中央车站外用12000个德国人的头盔竖立起一座“金字塔”。

＜ 第一次世界大战后的欧洲。奥匈帝国和奥斯曼土耳其被肢解，俄国罗曼诺夫王朝和德国霍亨索伦王朝覆灭，中东欧一系列新兴小国纷纷成立。

1918年11月11日，美国第64军团第7步兵师庆祝停战。

∧1919 年 6 月 28 日，参战各国代表在巴黎凡尔赛宫的镜厅里签订《凡尔赛和约》。

附录

一 第一次世界大战各国参战日期及伤亡

第一次世界大战持续了 4 年 3 个月零 10 天，超过 13 亿人被卷入，其中死亡 1000 万人，相当于此前欧洲 1000 年间历次战争死亡人口的总和，经济损失超过了 33000 亿美元。

国家或地区	参战日期	士兵死亡人数
奥匈帝国	1914.7.28	1200000
塞尔维亚	1914.7.28	45000
俄国	1914.8.1	1700000
德国	1914.8.1	1770000
法国	1914.8.3	1240000
比利时	1914.8.4	13700
英国	1914.8.4	908000
印度	1914.8.4	25000
南非	1914.8.4	7000
加拿大	1914.8.4	55000
澳大利亚	1914.8.4	60000
新西兰	1914.8.4	16000
门的内哥罗	1914.8.5	3000
日本	1914.8.23	300
土耳其	1914.10.29	325000
埃及	1914.12.18	—
意大利	1915.5.23	615000
圣马力诺	1915.6.3	—

国家或地区	参战日期	士兵死亡人数
保加利亚	1915.10.14	875000
葡萄牙	1916.3.9	7200
罗马尼亚	1916.8.27	336000
汉志	1916.10.29	—
美国	1917.4.6	50600
巴拿马	1917.4.7	—
古巴	1917.4.7	—
希腊	1917.6.29	5000
暹罗	1917.7.22	—
利比里亚	1917.8.4	—
中国	1917.8.14	5000
巴西	1917.10.26	—
危地马拉	1918.4.30	—
尼加拉瓜	1918.5.8	—
哥斯达黎加	1918.5.23	—
海地	1918.7.12	—
洪都拉斯	1918.7.19	—

二 第一次世界大战年表

战前酝酿

1879 年 10 月 7 日 德奥签订军事同盟条约。

1882 年 5 月 20 日 德、奥、意三国同盟正式建立。

1892 年 8 月 17 日 法俄签订军事协定，两大军事集团对峙开始。

1904 年 4 月 8 日 英法签订互助协约。

1907 年 8 月 31 日 英俄签订互助协约，三国协约正式建立。

1908 年 奥匈帝国吞并波斯尼亚和黑塞哥维那。

1912 年 10 月 8 日 塞尔维亚、保加利亚、希腊、门的内哥罗四国组成“巴尔干同盟”对土耳其宣战，第一次巴尔干战争爆发。

1913 年 6 月 29 日 塞尔维亚、希腊、门的内哥罗、罗马尼亚和土耳其对保加利亚宣战，第二次巴尔干战争爆发。

大战进行时

1914 年

6 月 28 日 斐迪南大公夫妇在萨拉热窝遇刺。

7 月 5 日 德皇威廉二世给奥匈帝国开出“空白支票”。

7 月 23 日 奥匈帝国向塞尔维亚提出“最后通牒”。

7 月 25 日 塞尔维亚作出答复，并开始战争动员；俄国宣布进入战争准备期。

7 月 27 日 德国拒绝英国的调停提议。

7 月 28 日 奥匈帝国向塞尔维亚宣战，炮轰贝尔格莱德。

7 月 30 日 俄国和奥匈帝国开始战争总动员。

7 月 31 日 德国向法国和俄国发出“双重最后通牒”，警告其不得干涉奥匈帝国对塞尔威亚的战争。

8 月 1 日 法国开始战争总动员；德国进行战争总动员，并宣布与俄国进入战争状态。

8 月 2 日 德军进入卢森堡；土耳其与德国签订结盟密约。

8月3日 德国向法国宣战；英国开始进行战争总动员；意大利宣布中立；英国向奥斯曼土耳其宣布代建的两艘舰艇归还无望，奥斯曼土耳其与德国签订盟约。

8月4日 德国向比利时宣战；英国向德国宣战。

8月5日 奥匈帝国向俄国宣战；齐柏林飞艇空袭列日。

8月6日 塞尔维亚向德国宣战。

8月7日 法军攻入阿尔萨斯地区；英国远征军在法国登陆。

8月10日 法国向奥匈帝国宣战；奥匈帝国攻入塞尔维亚；奥地利军从加利西亚侵入俄国波兰；部署在地中海的两艘德国战舰进入土耳其的达达尼尔海峡，转入土军舰队中服役。

8月12日 英国向奥匈帝国宣战；德军的“大贝莎”巨炮运抵列日。

8月16日 俄军攻入东普鲁士；塞尔维亚军在亚达尔之战中击溃奥地利军。

8月18日 法德边界的德军发起反攻，取得洛林战役的胜利。

8月20日 德军占领比利时首都布鲁塞尔。

8月22日 兴登堡和鲁登道夫被分别任命为德国第8集团军司令和参谋长。

8月23日 德军与英军在比利时蒙斯激战，英军南撤，创下行军纪录。

8月25日 饱受比利时游击战袭扰的德军火烧卢万城，大开杀戒，受到国际舆论抨击。

8月26日 勒卡托战役开始；英法联军占领德国在西非的殖民地多哥。

8月28日 德国海军和英国海军在北海黑尔戈兰湾爆发第一次海战；俄国第2集团军在坦能堡被德军歼灭。

8月30日 齐柏林飞艇轰炸巴黎。

9月3日—11日 俄军推进至喀尔巴阡山脉；澳大利亚远征军占领德属新几内亚岛。

9月3日 法国政府从巴黎迁往波尔多。

9月4日 英法俄三国在伦敦签订条约，规定不能与敌人单独媾和。

9月5日 马恩河战役开始；德国潜艇击沉英国轻巡洋舰“探险者”号。

9月6日 英国远征军无意间插入德军第1集团军和第2集团军之间的空隙，引起德军方面的恐慌；德军在坦能堡战役中击败俄军。

9月8日 奥地利军第二次侵入塞尔维亚遭到失败。

9月9日 德军开始后撤，施里芬计划失败。

9月9日—14日 德军在马祖里湖击败俄军。

9月11日 俄军把奥地利军赶回喀尔巴阡山防线，包围普热梅希尔要塞。

9月12日 英国对奥匈帝国宣战。

9月13日 法国队奥匈帝国宣战。

9月15日 俄国第1集团军在马祖里湖地区遭到德军打击。

9月20日 德国潜艇创下单艇一次击沉3艘英国重巡洋舰的纪录。

9月23日 日本向德国宣战。

10月6日 德军占领比利时的安特卫普。

10月19日 西线第一次伊普尔战役开始。

10月28日 为使土耳其加入同盟国，已加入土军舰队的德国战舰突袭俄国黑海港口。

10月29日 土耳其加入同盟国。

11月1日 德国海军在智利科罗内尔海域击败英国皇家海军南美编队；俄国向土耳其宣战。

11月2日 英军把北海列为战区，开始布雷；俄国向土耳其宣战。

11月5日 英国和法国对土耳其宣战。

11月7日 日本夺取德国占据的青岛。

11月9日 澳大利亚海军在苏门答腊岛南部海域击沉德军“埃登姆”号。

11月11日 奥地利军第三次侵入塞尔维亚遭到失败。

11月15日 俄土索契角海战。

11月22日 英军占领巴士拉。

12月2日 奥地利军占领贝尔格莱德。

12月6日 德军占领罗兹。

12月8日 英国海军在福克兰群岛东北重创德国海军。

12月18日 埃及成为英国保护国。

1915年

1月19日 齐柏林飞艇首次空袭伦敦。

1月24日 英德海军在北海中部的多格滩进行海战。

1月31日 德军在马祖里湖的冬季之战中首次使用毒气。

2月7日—22日 德军在第二次马祖里湖战役中击败俄军。

2月18日 德国人宣布英国周围水域为战区。

3月10日 西线新沙佩勒战役开始。

3月14日 圣埃卢瓦之战开始。

3月18日 协约国开始进攻达达尼尔海峡。

3月28日 英国客轮“法拉巴”号被德国潜艇击沉，船上有一名美国籍乘客。

4月22日 第二次伊普尔战役开始，德军使用毒气。

4月25日 英法联军在加里波利半岛登陆。

4月26日 《伦敦条约》秘密签订，意大利加入协约国。

5月1日 德军在加利西亚发起反攻。

5月4日 德奥联军在戈尔利策和塔尔诺夫之间攻破俄军战线。

5月7日 德国潜艇击沉英国客轮“路西塔尼亚”号，1200人遇难，其中128名美国人，引发美国强烈抗议。

5月9日 英军进攻奥博岭；法军发起第二次阿图瓦战役。

5月23日 意大利向奥匈帝国宣战。

6月3日 同盟国收复普热梅西尔要塞；英军攻占底格里斯河畔的阿马拉。

6月23日 意大利进攻奥匈帝国，发起第一次伊松佐战役。

7月9日 协约国军队占领德属西南非。

7月18日 意大利发起第二次伊松佐战役。

8月5日 德军占领华沙。

8月6日 英军在加里波利苏弗拉湾登陆。

9月5日 沙皇尼古拉二世开始亲自统率俄国军队。

9月25日 西线第二次香槟战役和第三次阿图瓦战役开始；英军在卢斯发起进攻。

10 月 6 日 德军和奥匈军队入侵塞尔维亚。

10 月 3 日 协约国军队在希腊萨洛尼卡登陆。

10 月 7 日 奥德联军侵入塞尔维亚。

10 月 9 日 贝尔格莱德陷落。

10 月 14 日 保加利亚和塞尔维亚互相宣战。

10 月 18 日 保加利亚从东部攻入塞尔维亚。

10 月 18 日 意大利发起第三次伊松佐战役。

10 月 19 日 意大利和俄国对保加利亚宣战。

11 月 10 日 意大利发起第四次伊松佐战役。

12 月 17 日 道格拉斯·黑格取代弗伦奇成为英国远征军指挥官。

1916 年

1 月 8 日 英军完成从加里波利半岛撤军的任务。

1 月 10 日 俄军进攻土耳其埃尔祖鲁姆。

1 月 17 日 门的内哥罗向同盟国投降。

2 月 15 日 法军进攻香槟地区。

2 月 21 日 德军发动凡尔登攻势。

3 月 9 日 墨西哥领导人潘乔·比亚袭击美国边境。

3 月 11 日 意大利发起第三次伊松佐战役。

3 月 18 日 为缓解西线盟友的压力，俄军在那拉奇湖向德军发起进攻。

4 月 6 日 韦尔夫会战开始。

4 月 22 日 第二次伊普尔战役开始。

4 月 23 日 都柏林爆发复活节起义。

4 月 29 日 在库特—伊马拉的英军向土耳其军投降。

5 月 5 日 在英国的支持和许诺下，阿拉伯人掀起反对奥斯曼帝国的起义。

5 月 31 日 日德兰海战爆发。

6 月 1 日 土耳其击退俄国向美索不达米亚的进攻。

6 月 4 日 俄国发起布鲁希洛夫攻势。

6 月 5 日 英国巡洋舰“汉普郡”号触雷沉没，英国陆军大臣基钦纳葬身海底；阿拉伯人在麦地那发动反对土耳其的起义。

7 月 1 日 英法军队发起索姆河战役。

8 月 6 日 意大利发起第六次伊松佐战役。

8 月 27 日 罗马尼亚向奥匈帝国宣战。

8 月 28 日 意大利向德国宣战。

8 月 29 日 兴登堡取代法金汉成为德军总参谋长。

8 月 30 日 土耳其向罗马尼亚宣战。

9 月 1 日 保加利亚向罗马尼亚宣战。

9 月 3 日 德军和保加利亚军队联合攻击罗马尼亚 。

9 月 14 日 意大利发起第七次伊松佐战役。

9 月 15 日 英军在索姆河战役中首次使用坦克。

10 月 10 日 意大利发起第八次伊松佐战役。

10 月 24 日 法军在凡尔登发起反攻，杜奥蒙炮台被收复。

11 月 1 日 意大利发起第九次伊松佐战役。

11 月 18 日 索姆河战役结束。

11 月 23 日 希腊临时政府向德国和保加利亚宣战。

12 月 5 日 劳合・乔治取代阿斯奎斯成为英国首相。

12 月 6 日 德军进入罗马尼亚首都布加勒斯特。

12 月 12 日 尼韦勒取代霞飞成为法军西线指挥官。

12 月 18 日 凡尔登战役结束。

1917 年

1 月 31 日 德国宣布恢复无限制潜艇战。

2 月 3 日 美国与德国断绝外交关系。

2 月 23 日 西线德军开始向兴登堡防线撤退。

2月24日 英军夺回库特－伊马拉。

3月1日 齐默曼的电报内容向公众披露。

3月8日 俄国彼得格勒爆发大规模民众抗议活动，遭到镇压。

3月11日 英军占领伊拉克的巴格达。

3月15日 俄国二月革命爆发，沙皇尼古拉二世退位。

3月26日 土耳其军队发起加沙战役，即第一次加沙之战。

4月6日 美国向德国宣战。

4月8日 美国与奥匈帝国断绝外交关系。

4月9日 英军展开阿拉斯战役。

4月16日 尼韦勒在舍曼代达姆地区发起进攻。

4月17日 西线法军爆发兵变；第二次加沙战役开始。

4月29日 被土耳其军队包围在库特—伊马拉的英军投降。

5月12日 约翰·潘兴被任命为美国远征军司令；意大利发起第十次伊松佐战役。

5月15日 法军全面瘫痪，贝当取代尼韦勒成为法军总司令。

5月19日 美国开始实行征兵制。

6月7日 英军在梅西纳岭发起进攻。

6月22日 希腊国王康斯坦丁一世被迫退位，亲协约国的韦尼泽洛斯担任总理。

7月1日 俄军应英法的邀请发起克伦斯基攻势，结果遭到惨败。

7月2日 希腊向同盟国宣战。

7月31日 英军发起第三次伊普尔战役，即帕斯尚尔战役。

8月18日 意大利发起第十一次伊松佐战役。

9月3日 德军占领俄国的里加。

10月24日 奥匈军队在意大利战场发起卡波雷托战役。

11月6日 加拿大军队占领帕斯尚尔，第三次伊普尔战役结束；列宁领导的布尔什维克推翻俄国临时政府。

11月7日 英军占领加沙；协约国最高军事委员会成立。

11月14日 英军占领土耳其的石油中心摩苏尔。

11 月 20 日 英军在康布雷之战中使用坦克突击。

12 月 7 日 美国向奥匈帝国宣战。

12 月 9 日 英军攻克耶路撒冷。

12 月 22 日 托洛茨基在布列斯特—立托夫斯克开始与德国进行和平谈判。

1918 年

1 月 8 日 美国总统威尔逊向国会提出“十四点”和平建议。

2 月 5 日 美国运兵船“托斯卡尼亚”号被德国潜艇击沉。

2 月 10 日 托洛茨基拒绝同德军谈判。

2 月 18 日 德军重新对俄国开战。

3 月 3 日 俄国在布列斯特—立托夫斯克接受德国的停战条件，退出大战。

3 月 21 日 德国在西线发动米夏埃尔攻势。

3 月 28 日 潘兴请求福煦使用美军作战。

4 月 9 日 德军发起乔其纱攻势。

4 月 14 日 福煦被任命为盟军总司令。

4 月 23 日 英国海军袭击泽布腊赫和奥斯坦德的德国潜艇基地。

5 月 27 日 德军在舍曼代达姆和埃纳河发起进攻。

6 月 6 日 贝洛森林之战。

6 月 9 日 德军在马斯河发动进攻。

7 月 15 日 德军在马恩河向香槟发动最后的进攻。

7 月 18 日 英法军队展开第二次马恩河战役，逼退德军。

8 月 8 日 英军在亚眠发起进攻，德军遭遇“最黑暗的一天”。

8 月 21 日 德军向兴登堡防线撤退。

9 月 8 日 德军从圣米耶尔撤退。

9 月 13 日 美军攻占圣米耶尔。

9 月 15 日 协约国从希腊的萨洛尼卡出击，进攻保加利亚。

9 月 16 日 美军在凡尔登北面、马斯河与埃纳河之间的阿尔贡地区发动进攻。

9 月 30 日 保加利亚宣布投降。

10 月 1 日 英军进入大马士革。

10 月 4 日 德奥向威尔逊提出停战请求。

10 月 5 日 英美联军突破兴登堡防线。

10 月 11 日 波兰国会宣布波兰属地脱离奥匈帝国。

10 月 14 日 意大利在维托利奥—威尼托发动进攻。

10 月 26 日 鲁登道夫被迫辞职。

10 月 28 日 英军占领土耳其的阿勒颇；捷克和斯洛伐克合并成立独立的共和国；维也纳爆发工人总罢工和士兵游行示威，奥皇被迫退位。

11 月 12 日 奥地利共和国成立。

10 月 29 日 德国海军在基尔海军基地发动兵变。

10 月 30 日 土耳其新政府宣布投降。

11 月 1 日 奥匈帝国海军发生兵变；塞尔维亚军队收复贝尔格莱德。

11 月 3 日 法美军队把德军赶出马斯—阿尔贡地区。

11 月 4 日 意大利军队占领的里雅斯特；奥匈帝国宣布投降。

11 月 2 日 匈牙利宣布成立民主共和国。

11 月 8 日 德国代表团在贡比涅与协约国讨论停战问题。

11 月 9 日 德皇威廉二世退位，流亡荷兰。

11 月 11 日 德国接受停火协议，宣布投降，停战协定于上午 11 点正式生效。

11 月 21 日 德国公海舰队驶往斯卡帕弗洛，向英国人投降。

11 月 23 日 德属东非的德军投降。

战后

1919 年 1 月 8 日 巴黎和会在凡尔赛召开。

1919 年 5 月 4 日 五四运动爆发。

1919 年 6 月 21 日 德国舰队被德国海员凿沉。

1919 年 6 月 28 日《协约各国和参战国对德和约》（即《凡尔赛和约》）签订。

1919 年 9 月 11 日 协约国与奥地利签订《圣日耳曼条约》。

1919 年 11 月 27 日 协约国与保加利亚签订《纳伊尔条约》。

1920 年 6 月 4 日 协约国与匈牙利签订《特里亚农条约》。

1920 年 8 月 10 日 协约国与土耳其苏丹政府签订《色佛尔条约》。

1921 年 11 月 12 日 九国会议在华盛顿召开，美日英法签订《四国条约》。

1922 年 2 月 6 日 《九国公约》签订。

1923 年 7 月 4 日 协约国与土耳其新政府签订《洛桑条约》。

参考书目

[1]【英】A. J. P. 泰勒．争夺欧洲霸权的斗争 1848–1918[M]. 沈苏儒译．商务印书馆，1987

[2]【英】H. P. 威尔默特．第一次世界大战全纪录 [M]. 张晓晔，李路洋等译．新世纪出版社，2014

[3]【英】李德·哈特．第一次世界大战战史 [M]. 林光余译．上海人民出版社，2010

[4]【英】温斯顿·丘吉尔．第一次世界大战回忆录 [M]. 吴良健译．译林出版社，2015

[5]【英】杰克·雷恩．第一次世界大战的重大战役 [M]. 寿进文译．上海译文出版社，1980

[6]【美】博斯科．美国人眼中的第一次世界大战 [M]. 孙宝寅译．当代中国出版社，2003

[7]【美】欧文·布奥斯，约翰·瓦尔顿．图文世界大战史 I[M]. 师从，任建成译．中国社会科学出版社，2003

[8]【美】巴巴拉·W·塔奇曼．八月炮火 [M]. 上海外国语学院英语系翻译组译．上海译文出版社，1981

[9]【美】汉森·W·鲍德温．第一次世界大战史纲 [M]. 陈月娥译．军事科学出版社，1991

[10]【美】梅尔．一战秘史——鲜为人知的 1914–1918[M]. 何卫宁译．新华出版社，2011

[11]【美】麦克米金．一战倒计时 [M]. 何卫宁译．新华出版社，2013

[12]【法】雅克·梅耶．第一次世界大战期间的士兵生活 [M]. 项颐倩译．上海人民出版社，2007

[13]【德】布里吉特·哈曼．一战图传 [M]. 张悦译．新华出版社，2014

[14] 王宇．欧罗巴之劫：第一次世界大战 [M]. 长春出版社，1995

[15] 彭雯．欧洲的悲剧——第一次世界大战战史 [M]. 中央文献出版社，2008

[16] 石炜．天变 1914——第一次世界大战百年祭 [M]. 西南财经大学出版社，2014

战争事典

热兵器时代

◎ 专注二战及近现代军事热点内容，涵盖陆、海、空三大战场的战史、兵器、人物、技术

◎ 众多历史、军事作家实力加盟，持续吸收国内外军事研究成果

001 1940 年阿登战役、日军战机“战后测试”、法国一战计划

神话与真相：日军战机的“战后测试”

最后的颜面胜利：日本海军“礼号作战”纪实

化身鸵鸟的高卢鸡：1940 年的阿登之战

霞飞、“进攻崇拜”和 17 号方案：一战时期法国的战争计划及准备

最佳应急品：太平洋战争中的美国轻型航母

东南亚空战：初期的越南战争

002 1940 年色当战役、F6F“地狱猫”

王牌制造机的骄傲：二战美军 F6F“地狱猫”王王牌

突破口：1940 年色当之战

“全甲板攻击”的巅峰与涅槃：美国海军“埃塞克斯”级航空母舰

东南亚空战：约翰逊的战争

003 《狂怒》原型、二战美国海军雷达防空、普洛耶什蒂大轰炸

铜墙铁壁：二战美国海军的雷达防空

进击的巨浪：普洛耶什蒂大轰炸

“狂怒”的星条旗：二战中的美军王牌坦克手与坦克指挥官

东南亚空战：高潮岁月

004 狮鹫计划、美国军用流通券、二战意大利伞兵

折翅的“狮鹫”：希特勒的奇想破灭细考

美国军用流通券概览

天降闪电：二战意大利伞兵

从“全甲板攻击”到“大型特混舰队”：二战美国航母战术的升华

“悍妇”出击：美军潜艇在日本海的冒险行动

005 “跳马”行动、意大利潜艇印度洋战记

德国在二战期间对东南欧国家和巴尔干地区的介入

鹰啸德瓦尔：1944 年“跳马”行动纪实

意大利潜艇印度洋战记

维捷布斯克之虎：二战德国装甲王牌阿尔贝特 · 恩斯特战记

铁路与美国内战

006 西西里杰拉登陆战、华沙装甲战、“约翰斯顿”号在萨马岛

魏玛共和国末期的军国主义与和平主义

格鲁曼最后的活塞战斗机：F8F“熊猫”

踏上欧洲的土地：西西里杰拉登陆战 1943 年 7 月 9 日—12 日

钢车铁甲战华沙：1944 年华沙城下的装甲战

天河流星：Me 163 火箭战斗机技战史

我自横刀向天啸：美国驱逐舰“约翰斯顿”号萨马岛纪事

《掌故001：靠谱的历史八卦》

有料。这是一本新鲜的历史八卦书，不乏味，不说教。
好看。这是一本有范儿的休闲马桶书，接地气，网络化。
原生态。这是一本严谨的读历史心得，不乱写，不戏说。

《掌故002：唐玄宗背后的女人们》

抽丝剥茧的后宫女性生存录。
别开生面的大唐王朝兴衰史。
小说与电视剧以外，真实的唐代宫廷大戏。

《掌故003：趣味一战史》

摘取第一次世界大战战场上的趣闻轶事，
串联出一部诙谐、幽默、接地气、别开生面的一战史。
大胆地将一战解构成“两大帮派之间的火拼”与“一个大家族的内讧”

《掌故004：袁本初密码》

他名震天下，以皇帝年号“本初”为字。
他翻手为云覆手为雨，把大厦将倾的东汉王朝推入万劫不复的深
他是一个时代的主宰，却在成王败寇的游戏规则里沦为历史的配
他是袁绍，一个被历史误读的乱世枭雄。

《掌故005：大明战神谱》

深度剖析明帝国及其周边少数民族政权军事文化中的宗教偶像崇拜。
揭开明代由不同宗教所树立出的战神们的神秘面纱。
贯穿整个明代的战神们各自具有哪些特点，
这些被宗教神化的将帅如何影响历史的走向？

趣味二战史 FUN HISTORY OF WORLD WAR Ⅱ

★★★

搜罗二战期间的趣闻轶事

看细节与巧合如何改变历史

比小说好看
比剧本精彩

你一定爱读的中国战争史

（系列丛书）

有史可证，有迹可循

从春秋到元朝，2000多年的战争故事，让你一读就上瘾

通俗易懂，有趣有料

插科打诨也好，正色直言也罢，说的是古往今来战场风云，塑的是家国内外忠奸百态。场场大戏，英雄、奸雄与“狗熊”，人人都是角儿；篇篇传奇，妙招、奇招和险招，处处有谋略。

中国历史新演绎

用人物刻画战争，用战争串联历史。每一场战争都有典籍支撑。14位新锐作者联袂执笔，精选经典战役铺陈，涉及战略、战术、战法、武器、兵力、布阵、战场展开……

情节紧张，行文爽快

跌宕起伏的王朝命运，两军交戈的剑拔弩张，千钧一发的安危瞬间，惊心动魄的逃亡旅程，风林火山的用兵之法，三十六计的多方施展，卧薪尝胆的多年隐忍，柳暗花明的意外展开……古人的故事，今人读来依然扣人心弦。